光文社文庫

人生の腕前

『人生散歩術』改題

岡崎武志

光　文　社

本書は『人生散歩術　こんなガンバラナイ生き方もある』（二〇一七年七月　芸術新聞社）
を改題、加筆・修正し、文庫化したものです。

序文

単行本『人生散歩術　こんなにガンバラナイ生き方もある』の文庫化である本書は、そもそもはウェブ連載の原稿が元になっている。二〇一三年から一五年にかけての連載だったからすでに十年も前の話だ。一九五七年生まれの私は五十代後半。まだ頭髪も黒々していて、ときどき「岡崎さん、髪は染めているんですか」と聞かれるほどだった。上京した時の三十代のしっぽをぶら下げているつもりだったし、その先もずっと生きる、生きられると信じていた。

いまや六十代後半となってずいぶん意識はそのころとは変わってきた。頭髪に白いものが目立つようになったし、体力や気力の減退も甚《はなは》だしい。同年代、少し先輩の知人や友人を次々と失い、人生がひどく塩辛く思えてきた。八十代の元気な人たちから言わせれば、「いやあ君なんかまだまだだよ」と言われそうだが、そんなに先まで生きることはない気がしてきた。よほど幸福だったり、鈍感だったりする人以外の同年代は、みんなそんなふうに思っているのではないか。

ここで十年前に書き始めた『人生散歩術』を『人生の腕前』と改題して文庫化するにあたって、何度か読み返すことになった。自著を読み返すことなどほとんどなく、単行本化された二〇一七年以来であったが、こんなことを書いていたかと驚くことしばしであった。今より少し若かった私が、はるか先輩方の生き方を見つめ、何かを学ぼうとしている。しかし、高田渡、木山捷平《しょうへい》の享年《きょうねん》を追い越し、吉田健一（六十五）も追い抜き、佐野洋子（七十二）に迫るところまで来た現在、変な話だが、自分で書いた文章から多くのことを教わった気がするのだ。頭で書いていたことが、より切実になったと言えばいいか。一例を挙げれば、矢野誠一が古今亭志《し》ん生《しょう》を評した「不器用な生き方の持つ、独特の美しさ、気高さ」という言葉が、現在の方がより重みをもって身に迫る。

刻苦勉励《こっくべんれい》、日々努力、今日より明日は成長しようと駆け抜けた人の人生からは、あまり学ぶことはない気がする。えらいとは思うが真似はできない。どこかだらしなく、ボタンをはずして寝転んでいるような人生にこそ、私が思うよき人生のモデルケースがある。これから登場する井伏鱒二、高田渡、吉田健一、木山捷平、田村隆一、古今亭志ん生、佐野洋子は多少のばらつきや違いはあっても、まずは「個」を重んじてなすがままに生きた人たちだった。峠を越えて、下り坂を歩くようになって、ようやくあたりの景色が目に入る。山登りではよくあることだ。余裕というのとは違う。ある種の「あきらめ」を通行手形にしたとき、下り坂は気分のよいものである。

読者の方々には、そんな心境を汲《く》んでいただいて、気楽に生きるための参考にしていただければ幸いである。

目次

第四章 木山捷平 若作りより老作り

第五章　田村隆一　都市に生まれ、育ち、生き、さすらう

第六章　古今亭志ん生　貧乏を手なずける

第七章 佐野洋子 徹底して「個」である

イラスト／岡崎武志

第一章

井伏鱒二

低い嶺が作るなだらかな稜線

＊井伏鱒二（いぶせますじ　一八九八〜一九九三）

作家。広島県生まれ。早稲田大学仏文科中退。一九二九年、『山椒魚』『屋根の上のサワン』で文壇デビュー。三八年、『ジョン万次郎漂流記』で直木賞を受賞。荻窪に暮らし、阿佐ヶ谷文士村の中心的メンバーであった。庶民の暮らしや心情をユーモアとペーソスにあふれた文体で小説や随筆に描いた。代表作に『山椒魚』『本日休診』『集金旅行』『厄除け詩集』『黒い雨』『荻窪風土記』などがある。

「いろはにほへと、と書けばいい」

一九八〇年代の前半、開高健はスランプのただ中にあった。一九八一（昭和五十六）年に刊行された『ロマネ・コンティ・一九三五』は、言語表現の贅《ぜい》をこらした逸品とも言うべき短編集で、大いに評価されたものの、後が続かない。釣り竿をかついで、『オーパ！』に連なる海外釣り紀行のシリーズを書き継いではいるも、これが作家の本領とは言いがたい。代表作となる『輝ける闇』『夏の闇』に続く三部作の完結編も書けないでいた。作家として危機にあった、と言ってもいい。

そんななか、一九八三年にテレビの仕事で、敬愛する井伏鱒二の家を訪ねる。井伏家には、すでに出入りしていた先輩作家の安岡章太郎に連れられて、足を運ぶようになっていた。釣りと文学、その両面の師匠ともいうべき存在が井伏鱒二であった。

その日はギリシアのブランデー「メタクサ」を手みやげに、井伏と差し向かいに談議が始まる。そのうち、酔いにまかせて、開高が「井伏さん、これはホンマに言うんです。ぼくはいま五十二歳になるんですが、書けないんです。どうしたらいいでしょう」という訴えをした。多分にカメラが回っていることへのサービス精神もあったろうが、訴えの中身は真剣であると思えた。

　このとき、井伏はいささかも動じず、「書けないときは、原稿用紙に何でも書くんだな。いろはにほへと、でもいいんだよ」という意味のことを言った。開高はトレードマークの大声で笑い、その答えをおもしろがっていた。井伏は、またこう続けた。「(書くには) 良心をなくしたらいい。書くというのは、野蛮な図々しさが必要なんだよ」。

　開高にすれば、参りましたというところだろう。剣豪の一撃を見るようであった。開高はいっけん、その大声や太った体格もあって、天真爛漫《らんまん》、豪放磊落《らいらく》なイメージで通っていたが、もとは神経質な文学青年で、細かい神経の持ち主であった。「書く」という行為に、「細かい神経」は絶対必要であったが、筆を進めるのにはときにそれが邪魔をした。

　井伏はそのことがわかっていた。冗談めかして「書けない」と訴える後輩に対して、「野蛮な図々しさ」を持てとアドバイスしたのである。これは創作活動にかぎったことではない。足が止まり、自分の影に脅《おび》えて前に進めない。そんなことはよくある。

一種の神経衰弱である。「野蛮な図々しさ」を発揮すべきは、そういうときだ。井伏鱒二は人生における諸事万端《しょじばんたん》の達人と言うべき風格を備えていた。

低くなだらかな山脈

この懐の大きさ。そしてユーモア。作品の魅力の前に、まず作家本人が非常に魅力的だった。太宰治を筆頭に、多くの後輩作家が、井伏鱒二を慕い、なんとか近づこうと画策した。**酒、将棋、釣り、旅と、そのためにいずれも多大な時間をともに消費することになっても、ときにそれが苦痛になっても、やっぱりこの人に、みんなついていったのである。**山脈に連なる一人・三浦哲郎《てつお》は、最初太宰に魅《ひ》かれ、そこから井伏を知った。「国文学 解釈と鑑賞」（平成六年六月号）のインタビューでこう語る。

「太宰さんを読んでいるうちに井伏鱒二という、太宰さんよりもひとまわり大きい作家が向こう側に居ると、太宰さんの山を越えて行くとまた向こうに大きな山が聳《そび》えているという感じでした」

日本文学の系譜に、まちがいなく「井伏鱒二山脈」がある。その頂きは、けっして周囲を絶する高い嶺《みね》ではないと思う。たとえば、志賀直哉が築いた山脈のようには。

永井龍男が告白しているが、志賀直哉に会う機会があったとき、そっと近づいて志賀の匂いをかいでみたという。志賀直哉はすでに老大家であったが、いわばその存在は神格化されていた。そういう意味では、井伏鱒二の嶺は人を寄せ付けぬほど高くはない。低さが魅力だと言い直してもいい。しかし、低い嶺が作るなだらかな稜線《りようせん》というものが、人々に与える慰安はある。

低く見せることは、高く見せることより難しいはずなのである。本稿では、井伏鱒二という作家について、作品批評というような面倒なことはなるべく措《お》いて、その人間について、エピソード中心に迫っていこうと思う。開高健も、おそらく井伏山脈の低さに取りついて、登ってみようと思ったに違いない。

このやりとりが収録されたのは、一九八三（昭和五十八）年に放送されたNHK特集「人生飄々　井伏鱒二の世界」。私が所持するのは、ビデオ化にあたり、あらたに再編集されたもので、一九八六年に発売されている。これを某日、古本屋で入手した。パッケージの箱にある、当時の定価を見ると一万千円。かなり高い。いまの物価に換算すると、二万円近い感じか。家庭用のビデオ機器がようやく普及し始めた頃だと思うが、ビデオって、こんなに高かったのか。私が買った古書価は店頭均一で百円。いまや、ビデオは無用の長物《ちようぶつ》と成り果てた。

私はこれを再放送で見て、たしかビデオに録画してある。しかし容易には探せない。もう一度見たくて、買うことになったのである。ちょうどうまいことに、同じ頃、古書即売会で買った井伏本のなかに、新聞の切抜きが挟まっていて、これが、「井伏鱒二の世界」が放送されたときの「朝日新聞」「試写室」欄の紹介記事（年月日のデータはない）。こういうところが古本（屋）のおもしろさ。最初の方を引いてみる。

昭和二年以来荻窪に住む作家井伏鱒二さん（八五）の日常を追った、いわば井伏さんと荻窪のドキュメンタリーである。井伏さんが最近書きつづった『荻窪風土記』を下地に、井伏文学ファンである富沢満ディレクターがレポートする。／富沢ディレクターは井伏邸や夏の別荘を訪ね、対話を試みる。カメラは空から荻窪を眺め下ろし、井伏さんとかかわりの深い荻窪の自然を映し出す。知らぬ者には、善福寺池の水の美しさは驚きだ。

古き姿を懐かしみ

担当ディレクターの「冨沢満」（という表記が正しい）は、ＮＨＫでドキュメンタリー畑一筋に歩いた人で、現在退職しているが、父親は芥川賞作家の冨澤有爲男《とみざわうい お》だ。『地中海』で一九三六（昭和十一）年下半期芥川賞を受賞している。一九二五（大正十四）年に同人誌「鷲の巣」を創刊。同人のなかに井伏鱒二がいた。放送では映っていないが、おそらく、井伏鱒二への出演交渉の際に、冨沢ディレクターは「有為男の息子です」と名乗っているはずだ。

井伏はテレビなどへの露出は嫌った人だ。始終張り付いてカメラを回される手法の番組作りは、ほかのディレクターからの依頼なら断った可能性が高い。「いいよ、めんどうだよ。おれなんか、撮ったってしょうがないよ。もっときれいなものを映せよ」などと、言いそうだ。かつての同人誌仲間の息子がどうしてもと頼み込めば、これを断るのは難しいだろう。おかげで、我々は貴重な、動く井伏鱒二の映像を見ることができた。なお、二〇一一年に出た冨澤の著書『僕のNHK物語』（バジリコ）に、この番組が作られた背景の記述があり、嫌がる井伏を半ば脅す形で説得したエピソードが綴《つづ》られている。

この放送のなかに、何度か、杉並区清水町の井伏邸が出てくる。私は何度か、見物に出かけたことがある。井伏邸は純和風の木造家屋。瓦屋根をいただいた、どっしりした構えの住宅は、井伏鱒二の作風そのものである。設計は広瀬三郎。生田の丘の上に建つ庄野潤三家の設計もこの人だ。庄野は石神井《しゃくじい》にいた頃、よく自転車でこの井伏邸を訪ねている。庄野潤三も親友の小沼丹《おぬまたん》とともに、井伏山脈のうちの一人。生田へ庄野の引っ越しが決まり、家を新築する際に、設計はこの人と決めていたのではないか。

この家の表札が、かつてはマジックで「井伏」と書いたただの白い紙で、四隅を押しピンで止めてあった。自分の子どもに書かせた字だという。過去に、井伏本人が書いていた時期があるが、あまりにひんぱんに盗まれるため、自分で書くのは止めたのだ。今は門柱への埋め込み式が多いため、そんなことはなくなったが、かつて玄関に板の表札がぶらさがっていた時代、有名人（とくに作家）の表札はよく盗まれた。井伏直筆の表札なら、私だって欲しい。いや、本気で欲しいですね。

番組では室内での様子、頭にハンチングを載せ、荻窪駅前や教会通りを散歩する姿も映し出される。荻窪駅北口より北方へ切れ込んでいく細い路地が〝教会通り〟。井伏邸から駅へ続くかっこうの散歩道だったが、今はずいぶんと風景が変わり果てた。映像のなかに登場する中華料理屋「福龍」は、井伏いきつけの店だったようだが、二〇〇〇年代の始めに笛吹市一宮町へ移転した（現在は閉店）。同じくごひいきの寿司屋「ピカ一」も今はない。教会通りの入口にあった古本屋「新興書院」も雑書を含め、品揃えのおもしろい店だったが、近くにあった「深沢書店」とともに姿を消した。なにしろ三十年以上も昔の話なのである。

井伏鱒二が歩いた教会通りで今も面影を残すのは、大正年間創業のクリーニング店「東京社」か。水色の木造店舗は、当時のままのはずだ。本稿執筆の際、傍らに置いて参考にしている「アサヒグラフ別冊　井伏鱒二の世界」（一九九二年）に「豊多摩《とよたま》郡井荻村」というグラビアページがある。井伏がよくうろついた教会通りから自宅のある清水町あたりをルポしているが、その一枚に、ちゃんと「東京社」の波打つ木造壁面が写っている。「福龍」も「ピカ一」もある。

私は一九九〇年春の上京組で、古本屋を訪ねるために、この教会通りへは何度か踏み入れているのに、これらのチェックを怠った。後悔先に立たず。井伏鱒二文学散歩には、間に合わなかったのである。

一九九三年に、九十五歳で井伏鱒二は逝去《せいきょ》する。**まるで、そのことで磁力を失ったように、荻窪の町が変わっていくのだった。**インバネスに杖、足には雪駄《せった》の姿は、この周辺を往き来する人にはたぶんおなじみだったはず。井伏のことを知らない人でも、なにかこの人は我々とは違う世界に住んでいる人だと思っただろう。

最近の若手の作家の風貌や出で立ちを見ていると、お笑いコンビのかたわれ、IT

企業の社員、コンビニ店員と言われても疑わないような、ごく普通の外見であることが多い。そんなことを言っても仕方がないが、かつては、いかにも作家らしい人がうようよいた。井伏鱒二と同時代の作家たちを眺めると、上林暁《かんばやしあかつき》、木山捷平、高見順、石川淳、小林秀雄、永井龍男など、文士の臭いがぷんぷんする。

ロートルの文学愛好者である私は、その古き姿を懐かしみ、できるなら、なるべく古い小説だけ読んで、あの世へ行きたいと思うのだった。

誕生から早稲田入学まで

作家・井伏鱒二の略歴をここで簡単に紹介しておこう。新潮文庫『山椒魚』巻末に収録された河盛好蔵《かわもりよしぞう》筆による「井伏鱒二人と文学」は、わずか十ページながら、その生涯と文学上の特色、人となりをみごとにまとめあげて間然《かんぜん》するところがない。これに負ぶさって、少し調べたことを付け足しながら、以下叙述する。

井伏は明治三十一（一八九八）年二月十五日、広島県深安郡加茂村粟根（現・福山市加茂町）生まれ。代々地主の家系で、三人兄弟の末っ子に生まれた。本名は滿壽二（以下、鱒二と表記）。父親は文学青年だったが、三十歳で急逝している。このとき鱒二は五歳であった。幼少期を送った明治三〇年代には、まだ江戸時代生まれの人が大勢いた。近所の老人「仁吉」は、みなに「仁吉ッつぁ」と呼ばれ、まだ頭に小さな髷《まげ》を結《ゆ》っていたという。日常生活に、文化文政のころの言葉がそのまま使われていた。たとえば、こんな具合。

「こんにちゃ、良え潤《うる》おいでござりゃんでござりゃんすなあ」

また、祖父や祖母が鱒二を可愛がり、よく昔話を聞かせてくれた。祖母は天保《てんぽう》の飢《き》饉《きん》における大困窮の話を「ゆっくり歌うような調子で話してくれた」。福山の方言を駆使した傑作短編「『槌ツァ』と『九郎治ツァン』は喧嘩をして私は用語について煩悶すること」（なんと卓抜なタイトル！）をつい思い出す。

井伏文学のとくに初期作品に見られる、独特の方言による話法や、悠々と引っ張る物語のリズムは、この故郷・福山で培《つちか》われたものと思ってまちがいない。

中学は名門の福山中学（現・福山誠之館《せいしかん》高校）へ進学。当時、学校の中庭には池があり、そこに二匹の山椒魚が飼われていたという。のちの代表作『山椒魚』は、「このときの観察が生かされていたことは言うまでもあるまい」（河盛好蔵）。中学時代の将来の希望は画家だった。京都に住む日本画家・橋本関雪《かんせつ》に入門を頼むが断られている。関雪邸だった「白沙村荘《はくさそんそう》」が現在、橋本関雪記念館として保存され、これは私が学生時代下宿していた銀閣寺参道からすぐのところ（京都市左京区浄土寺石橋町）にあったが、ついに足を踏み入れることがなかった。浄土寺西田町の定食屋「大銀食堂」へ下宿から向かうとき、いつもその前を通っていたのに、なんという怠惰だろう。

井伏鱒二が将来のコースを画家から小説家に変更したのは、兄の希望であった。弟に小説家を勧める兄とは、ちょっと変わっているが、「出来の悪い舎弟が八方塞《はっぽうふさ》がりにならないうちに、どこかに一つ息の出来る穴を確保さしてやりたいと思っていたのだろう」とは、当人の弁。まるで『山椒魚』の世界だ。

「息の出来る穴」を目指して、大正六（一九一七）年九月、早稲田大学予科一年に編入学。「予科」とは、現代の大学における教養課程のようなもの、と思っていただいて差し支えない。突っ込んで言えば帝国大学には予科はない。くわしい学制のことはともかく、広島の田舎にいた大正期の青年が、文学をするべく上京してきたことが、とりあえず重要なのだ。

新潮日本文学アルバム『井伏鱒二』所収の「評伝」（松本武夫）によれば、「初登校の日、突然正門のところで屈強な学生に『学生の登校は許さん』と言われた。それは、尾崎士郎の『人生劇場』でも名高い早稲田騒動の真っ最中であった。とんだ初登校であった」という。このとき、井伏は制服制帽がまにあわず、麦わら帽に袴姿であった

（『上京直後』）。学生には見えなかったかもしれない。

「早稲田騒動」とは、学長就任について、学生を巻き込んで起こった二派に分かれての争いで、一方のリーダーが尾崎士郎であった。尾崎は井伏と同じ一八九八年生まれながら、ひと足先に早稲田へ入学していた。のち大学を中退し、社会主義運動に身を投じるような血気盛んな若者だった。

井伏にそんな熱い血は流れていなかったから、この洗礼には面喰らったろう。せっかく門をくぐろうとした大学で、最初から、このつまずきである。井伏は結局、早稲田大学をその後、中退してしまう。この先、**青春は多難で、挫折の連続であった。**

旅の始まりは失恋から

井伏鱒二が生涯のテーマにし、我々がそこから学ぶべきものは、まずは「酒」、そして「釣り」「旅」「将棋」「友」「方言（お国言葉）」などが挙げられると思う。本稿では、それらのテーマについて、あくまで私の関心内において見ていこうと思う。

早稲田の予科に入学し、最初に住んだのが西南館という下宿。九月に大風が吹いて、下宿の壁が飛んだ。神楽坂の同様の下宿では、家屋がつぶれ学生が死んだ。そのためか、井伏はここを出て、雑司ケ谷《ぞうしがや》、鶴巻町など早稲田界隈の下宿を転々とするようになる。『引越やつれ』という作品には「私の青春のころの生活は、下宿生活ではなく引越生活といってよかったのである」と書かれている。

未知の土地、しかも大都会・東京になじむのに、度重なる「引越」は不利になるが、なぜか井伏は一カ所に留まらない。あるいは、これも一種の「旅」の変奏ではあるまいか。もっと言えば、『ジョン万次郎漂流記』『漂民宇三郎』『集金旅行』『さざなみ軍記』など、井伏鱒二の作品に多く見られる「流転《るてん》」「漂流」のテーマも、すでにここで垣間みられる。

松本武夫「評伝」によれば、旅好きの始まりは大正七（一九一八）年、一カ月ほど大学を休み、木曽福島へ行ったときから。風景写生をしていたとき、知り合った女子美の女学生と、たった一度、帝展（帝国美術院展覧会の略）を見に行った。いわゆる「デート」である。しかし、井伏鱒二と「デート」ということばは似合わない。尻がむずむずしてくる。

当然ながら、と言っては失礼だが、女学生とのつき合いはこれが最後で、この恋の挫折は、井伏を大いに動揺させた。そして「ほろにがくなった」（『鶏肋集《けいろく》』）という。失恋の「ほろにが」さを知った井伏は木曽へ旅立つ。傷心の旅であった。井伏鱒二、このとき二十歳。恋に破れて旅に出るなんて若いなあ。

「私は木曾に旅行して以来、旅行好きになった。徹頭徹尾、旅行が好きになった」と『鶏肋集《けいろくしゅう》』に書く。「徹頭徹尾」というところがいい。講談社文芸文庫が、とくに井伏作品から旅の回想を選りすぐって『晩春の旅・山の宿』というアンソロジーを編んでいる。これなど、ファンにはありがたい一冊だ。私はパラフィンをカバーにかけて、劣化をガードし、ときどき開いては拾い読む。

これを一冊、カバンの底にぶちこんで、井伏ゆかりの甲州を、一週間ほど気ままに鉄道旅がしたいと思うが、時間も金もかないそうにない。なんとつまらない人生か。

片上教授との思わぬ軋轢

「徹頭徹尾、旅行が好きになった」と書く井伏鱒二であったが、なかには、やむにやまれぬ東京からの離脱もあった。年譜で言えば、大正十（一九二二）年の因島《いんのしま》行きである。このとき井伏は二十三歳。通学する早稲田を休学（のち退学に追い込まれる）してまでの旅だった。

この年、何があったか。講談社文芸文庫年譜では「一〇月、片上伸教授との間に軋轢を生じ」とある。「軋轢《あつれき》」とは何か。これがまた、想像もできないほどやっかいな話なのだ。弱い心の持ち主なら、人生そのものをはかなんで、自殺でもしかねないできごとだ。

自伝的回想『鶏肋集』では片上《かたがみ》は「肩口教授」と仮名《かめい》で出てくる。井伏には、井伏作品ではおなじみの「青木南八」という無二の親友がいた。青木については、また触れることもあろうが、「聡明で純情で、あくまでも清教徒的」な彼は、休み時間に教室の黒板に落書きをする癖があった。人の悪口を書くのである。それを真似て、クラス中の人間が黒板に落書きをするようになる。そのため「第二十四番教室の壁がきたなくなっていた」。

これは、いわば学園生活を彩る、ありがちな微笑ましいエピソードであった。ところが、「肩口教授（仮名）が外国から帰って来ると、クラスの気風も一新して落書をする人はすくなくなった」というのである。要するに、片上が教壇に立って以降、そんな戯れを許さぬ、厳しい空気が教室を支配するようになった。

片上伸《のぶる》は明治十七（一八八四）年愛媛県生まれ。涌田佑《ゆう》『井伏鱒二の世界』（集英社）によれば、恩師の島村抱月らに高く評価され、二十四歳の若さで早稲田の予科講師となる。その三年後に本科文学部教授に。そしてロシア留学を果たす。大変な出世だ。

当時の早稲田では、坪内逍遥《しょうよう》が主となり、大学を「官学なみのアカデミックなものにしようと改革」中であった。片上は、その機運のなかで抜擢されたのだから、明治のエリートコースに乗った俊英だ。のち早稲田が露文科を新設した際に主任教授に就任、のち学部長にまで昇り詰める。

井伏が早稲田の予科一年に編入したのが大正六（一九一七）年九月。片上がロシアでの留学を果たし、光り輝く新帰朝者として早稲田の教壇に立ったのはその翌年四月。「伝統ある早稲田の文科を光輝あるものにすべし」（『鶏肋集』）と意気込んでいた。それはいい。誰も文句はない。

しかし、片山伸の体質は、地方出身の純情な若者・井伏とまったく合わなかった。

以下、『鶏肋集』より引く。

「私たちは月に一回か二回、肩口先生の自宅を訪問し、文学談をきいて先生を崇拝していた。しかし肩口氏は体質的に非常に気の毒な人で、たまたま人のいないところで教え子を見ると目の色を変え、身ぶるいする発作を起こすことがあるということであった」

井伏はこれを「医学の書物にも云ってあるように難病の一つ」と書いているが、しかしそんな病気や発作はこれまで聞いたことがない。井伏が言い淀む裏に何かがあるはずだ。

男色を迫られた

もちろんその先があるのだ。肩口（片上）が口頭試問のために、学生を研究室に、一人ひとり呼び出したことがあった。順番が来て、井伏が部屋に入ると「私の下宿の町名番地をたずねて手帳に書きとめたが、途端に例のその発作を起こそうとした」。つまり「目の色を変え、身ぶるい」したわけだ。井伏があわてて逃げ出そうとすると、襟首をつかむ。それを逃れて、廊下へ飛び出すと、肩口が追いかけてきた。

即座の機転で、井伏は講義をしている教室へ逃げ込む。まるで遅刻者のような顔で空いた席に座り、そのまま講義を聴いて危機をやり過ごしたのである。そのあと下宿へ帰ってみると、まもなく俥夫《しゃふ》が肩口教授の手紙を持参してきた。そこには「今日のことを絶対に他言してはいけないと書いてあった。そして、もし他言したら君はどんな目にあわされるか知っているだろう」と言うのである。

このあとも肩口、すなわち片上伸は、井伏の下宿を訪ねてくる。井伏は留守にしていたが、再び手紙で、今度は「自宅に出頭すべし」と強硬な姿勢に出た。

「常識で判断できない異常な性格が見えた」と井伏は書くが、このいきさつを読むかぎり、肩口は同性愛者だったと判断するしかない。

新潮日本文学アルバム『井伏鱒二』に、片上の写真が掲載されているが、前頭部こそはげ上がっているが、細面で口ひげをたくわえた顔は美男と言って差し支えないだろう。

明治時代から大正にかけて、旧制高校の寮で男色が日常的だったのは、多くの証言がある。森鷗外も「ヰタ・セクスアリス」のなかで、年上の生徒に狙われた話を書いている。だからといって、みんながみんな、そのことに平気というわけではなかっただろう。

自分なくしの旅

こうして青年井伏は片上の授業に出なくなる。これは、落第を覚悟しなければならない決断だった。のち早稲田大学は、野坂昭如、大橋巨泉、永六輔、青島幸男、五木寛之など中退組（除籍を含む）から、マスコミ、文芸界のスターを輩出し、中退した方が出世するという変な神話を生み出すが、時代が違う。大卒は博士さま、大卒こそ出世の道標の時代に、この挫折は痛手だった。

「自分の前途は駄目だと思いながら自堕落に暮らしていた」井伏を、つねに力づけていたのが青木南八。「いずれ文壇に出るという励ましの言葉」をかけ続けたと『半生記』にある。早稲田大学で文学を学ぶことは、そのための重要な足がかりであったが、思わぬアクシデントで、掛けた出世の梯子が外された。

青春最大の危機に直面した井伏は、故郷へ帰る。「母はなぜ帰って来たかと毎日のように詰問した」（『鶏肋集』）が、いや、これは答えようがない。母親にはとても本当のことなど言えないだろう。作家になるよう勧め、弟を東京の大学へ送り出した兄も、つまらなそうな顔をして口もきかない。これはつらい。

故郷にも居場所のなくなった井伏がとった行動が、すなわち「旅」であった。向かった先が、瀬戸内の因ノ島（現在の表記は「因島」、尾道市）。思い詰めて出口を失った青年を救ったのが、この旅だった。

出世作『山椒魚』は、この時代の逃げ場のない閉塞《へいそく》した重い気持ちを描いたものではないか。『山椒魚』の初出は一九二九（昭和四）年（「文芸都市」）だが、学生時代の習作『幽閉』（一九二三年）が元になっている。因島時代を回想した『白鳥の歌』

には、「或る教師の不愉快な冗談ごとを避けるため、その教師が辞職するまで六箇月間、瀬戸内海の因ノ島に行って三ノ庄という港町の土井医院の二階に下宿した」とある。

永井龍男との対談で、永井が「あなた書いたことがある？ 因島時代のこと。（中略）因島に関連した作品は井伏さんのなかにあったかなと思って、ちょっと考えましたよ」と言い、それに対し、「ほとんど書いてないのだ。行ったということは何度も書いたが」と答えている。永井は若き井伏の苦悶を知らなかったと思われる。

すべての作品に目を通して調べたわけではないが、私の知るかぎり、先に挙げた『白鳥の歌』、それに『岬の風景』、『因ノ島』などで、この青春の危機から逃避した思い出の場所を作品化している。たしかに『岬の風景』に因島という地名は出てこない。しかし「この町の港の水は、細長い二つの岬の腕によって抱かれている」という描写や、住むことになった家が「もと村上氏経営の病院で」という記述から、これは因島時代の体験を生かしたものだとわかるのだ。

そうなると「行ったということは何度も書いたが」「ほとんど書いてない」という発言は矛盾するように思うが、これは因島の風景や風物を十分に書き切ったわけではないという自嘲《じちょう》かもしれない。

東京でも「不愉快な冗談ごと」は、簡単に胸から去らず、宿痾《しゆくあ》のように井伏の心をしめつけただろうが、とにかく因島では、井伏や片山伸騒動のことを知る人はいない。それだけでも心の解放になったろう。旅の効用の一つはここにあって、故郷や現住地ではあれこれ知られている「私」が、さっぱりと消去される。名前はあるが、匿名に近い存在になれるのだ。

一時期、「自分さがしの旅」という気味の悪いことばが流行したが、旅に出てまで、自分と向き合ったり、自分とは何かを考えるのは愚の骨頂である。これに対抗し、みうらじゅんは「自分なくしの旅」を提唱した。**いつも暮らす場所ではぶらさがる属性をさっぱり振り落として、「無」の自分になれるのが、じつは旅のいいところ。**因島で、井伏は、その「旅のチカラ」を知ったのではないか。

奥付のない本を作る

片上は早稲田露文科新設のホープとして、文学部長に就任した当時は新鋭ぶりを発揮したが、のち輝きは薄れる。大正十三（一九二四）年十月には、露文科の同僚たちから「片上伸氏事件顚末《てんまつ》公開状」なるものが、学内にばらまかれ、そこに「教え子に対するかずかずの男色事件の事実が暴露されている」というのだ（浅見淵）。その時期、その大学、その学部学科に身を置いた井伏鱒二の不運としか言いようがない。この蹉跌から得るものは何もない。人生途上における大きな失意と空転のため、二十代は悪夢のように過ぎ、文壇デビューも遅れた。

そのまま井伏鱒二という名前が、文学史に刻み込まれることなく消えた可能性も、大いにありえたのだ。

浅見は一八九九（明治三十二）年神戸生まれの文芸評論家で、九八年生まれの井伏とは同年代。早稲田大学を卒業の前後、文芸出版の書肆《しょし》「聚芳閣《しゅうほうかく》」に勤めた。ここに井伏鱒二がいた。文芸評論といっても、理論的なことを口走るというより、文壇に身を置く目線で、作家の人となりに触れながら作品を論じるタイプ。その代表作が『昭和文壇側面史』である。巻末索引を見ると、「井伏鱒二」に触れたページは二十四に及び、尾崎一雄と並ぶカウント数の多さ。

「聚芳閣」の話を少し。ここは、井伏鱒二が奥付のない本を出すという大失敗を犯したことで名前が残る出版社だ。創立したばかりの一九二四（大正十三）年、井伏はズーデルマン『猫橋』を翻訳し、『父の罪』というタイトルで本にしているが、これを刊行したのが聚芳閣。その縁あってか同年の十一月、同社が「趣味と科学」という新雑誌を創刊する際に編集記者として入社した。

しかし、当人は「編輯《へんしゅう》の能力がない」ことを自覚し、翌年の四月に「つまらなくなって社を止した」（『半生記』）。いったん故郷へ帰るも、一カ月後に再び上京。身の置き所なく、一九二六（大正十五）年一月、聚芳閣に返り咲く。奥付のない本を出したのはこのときだった。こう言っては何だが、若き井伏は、現在ならフリーターになるしかないような男だった。

世は左翼にあらずば人にあらず、というプロレタリア文学全盛の時代で、井伏のようなタイプの書き手は肩身が狭かった。せっかく始めた同人誌「陣痛時代」も、同人が次々と左傾し、居心地が悪くなり、一人脱退するのが一九二七年だった。

短い間だったが、同僚の浅見によれば、聚芳閣の社屋は「新宿御苑のちょうど横手に当っていて、新宿四谷間の電車通りに面した路地の奥にあった」という。現在、丸ノ内線「新宿御苑前駅」のあるあたりか。経営者は足立欽一という、まだ三十代の「風采の立派な」人物で、新宿遊郭の大店の長男だった。聚芳閣の建物は、かつて遊郭の寮だったのである。色っぽい出版社があったものだ。そう言えば「聚芳閣」という社名は、どこか遊郭の大楼《たいろう》っぽい。

荻窪から始まった

浅見より早く、数カ月前から勤め始めた井伏は、この経営者に気に入られ、秘書のような役目を果たしていたという。当時の流行作家・邦枝完二《くにえだかんじ》が、聚芳閣から戯曲集を出していた関係で、よく社を訪れていた。そこで邦枝は、社長の足立に戯曲を書け、とそそのかした。その気になった足立は、戯曲執筆のため、しばしば鎌倉の別荘へ足を運ぶ。そのとき、お伴の役目をするのも井伏だった。

「井伏君はすでに『山椒魚』や『鯉』を書いており、ぼくはそれを読んでいたので、うまい作家がしろうと作家のお伴をしなければならぬ苦衷《くちゅう》に同情した」

ここでも、井伏の『山椒魚』を思い出してしまう。

「ああ神様!あなたはなさけないことをなさいます。たった二年間ほど私がうっかりしていたのに、その罰として、一生涯この窖《あなぐら》に私を閉じこめてしまうとは横暴であります。私は今にも気が狂いそうです」

大学での片上伸事件以来、関東大震災を挟んで、時代が「昭和」に改まるまでの数年、井伏はまさに「窖」に幽閉された一匹の山椒魚のようであった。

井伏鱒二が、私たちがよく知る井伏鱒二らしい姿を見せるのは、一九二七(昭和二）年九月、豊多摩郡井荻村字下井草《いおぎむらあざしもいぐさ》一八一〇に転居してから。現住所は杉並区清水。つまり『荻窪風土記』が書かれる起点となった場所である。十月に遠縁の娘、秋元節代（十五歳）と結婚する。この年、井伏は二十九歳。永井龍男は「井伏さんには変らぬものが二つある。それは奥さんと住居である」と言った（川島勝『井伏鱒二』）ようだが、その死まで、たしかに婦人と住居は変わらずそのままだった。この頃の荻窪は郊外、武蔵野の農村で、地元の人たちと交流し、井伏は自分の世界をそこに見出していくのだ。

落語「寿限無《じゅげむ》」で「食う寝る処に住む処」というが、住む場所によって、そこに生きる者も影響されていく。いまは住宅の建て込んだ清水町界隈も、井伏が移り住んだ昭和初年は、見渡す限り野と畑、そして雑木林が広がり、人家はまばらであった。「その頃、夜更けて青梅街道を歩いていると、荷物を満載した車を馬が勢よく曳《ひ》いて通るのに出会った。すれちがいに野菜の匂いが鼻についたものである」などと『荻窪風土記』には書かれている。

昭和五（一九三〇）年頃、清水町の自宅裏で写された、井伏と節代夫人（ともに和服）のツーショット写真があるが、背景は細い幹の木が生《お》い茂った林、二人は冬枯れた草地の上に立っている。どう見ても、東京からはずっと遠い、田舎の風景に見えるのだ。故郷の現・福山市加茂町とさほど変わらぬ風景が広がっていたと思われる。「都会の只中でも田舎でも見出せない人生の小刻みなうねり、それが郊外という中間地帯で顕在化する」と、高橋英夫は「近郊という中間地帯」という井伏鱒二論で「郊外」の持つ地誌的意味を説明する。上林暁、木山捷平など「人生の小刻みなうねり」をもっぱら小説の題材とした地方出身の私小説作家が、中央線沿線、とくに阿佐谷や荻窪界隈に集《つど》ってきたのは、非常に興味深い。

私が現在に至るまで、少し外へ出たことはあったが、基本的に中央線沿線から離れられないのも、この沿線に井伏鱒二山脈の裾野を歩いている実感があるからだ。

旅心定まりぬ

翌一九二八（昭和三）年二月、かつて随筆として書いた『鯉』を改作して「三田文学」へ発表。三月、同人雑誌「文藝都市」同人となり『夜更と梅の花』を書く。二九年は豊饒の年で、一月『谷間』、三月『朽助《くちすけ》のいる谷間』、五月『山椒魚―童話―』、八月『なつかしき現実』『炭鉱地帯病院』、十一月『屋根の上のサワン』『シグレ島叙景』と、初期井伏文学を代表する短編が続々と発表された。これらのほとんどは、いま新潮文庫版『山椒魚』に収録されていて手軽に読める。日本における文庫の持つポジションの重要さを感じずにはおられない。

雨降って地固まる、ではないが、**暗い時代をくぐり抜け、荻窪に安住の住処を得てから、井伏鱒二という発電機がうなりを上げて動き出した。**

釣りを伴う旅が始まったのも荻窪時代から。帰れる場所を失っての逃避行、という二十代の旅とは違う。戦争を挟んで、とくに戦後、昭和三〇年代からは釣り竿をかついで毎月のように旅へ出かけるようになった。帰れる場所があっての旅だった。

「井伏さんは、殊《こと》のほか旅がお好きである。旅の楽しさが判らないようじゃ話にならないねと仰言ったこともあったし、気持がイライラと騒がしく、焦燥感に捉われたりした時、昔は、よく旅に出かけた」（伴俊彦『井伏さんから聞いたこと』）

「旅の楽しさが判らないようじゃ話にならない」とは、いかにも井伏らしい名言だ。旅好き、と言っても、海外へは行かなかった。飛行機にも乗ったことがないのではないか。汽車、電車、バス、それに徒歩。これが、井伏の旅のスピードであった。飛行機と船は嫌い、と明言もしている。

自転車に乗る姿も想像できないが、文芸評論家の巖谷大四《いわやだいし》は、甲府で自転車に乗って現れた井伏鱒二の姿を目撃している。ちょっと意外であった。

「筑摩書房の文学全集宣伝の講演会のため、長野へでかけたとき、先生と一しょだった」と書くのは武田泰淳《たいじゅん》。「そのさい新宿のプラットホームに立った先生が『旅心、定まりぬ、か』とつぶやかれた」と言う。もちろん、これは芭蕉『おくのほそ道』にある「白河の関にかかりて旅心定まりぬ」の引用であった。井伏と接した後輩の文学者たちが、ふともらした先輩のひと言を、のちのちまでよく記憶していることは驚くばかりだ。**それほど印象的な言葉を日常的に吐いたのであり、またそれを重んじて聞きもらさず、後輩は記憶に焼き付けた。**キリストと弟子の関係に似ている。

「新宿」駅は、中央本線で長野行き特急に乗る始発駅。最寄りの中央線「荻窪」から、方角で言えば、新宿はちょっと戻って反対方向にある。そのため中央線で「新宿」へ向かうのは、単なる移動手段であって、旅とは呼べない。これから特急に乗り込むに到り、ようやく「旅心」が定まったというわけだ。旅の始まりは、いつだって胸高まるものなのである。

この「旅心定まりぬ」は、井伏にとって重要なことばだったようだ。『「奥の細道」の杖の跡』(「別冊文藝春秋」一九五二年)は、タイトル通り、芭蕉の『おくのほそ道』の旅程を辿《たど》る紀行文。旅自体も、一九五二(昭和二十七)年の体験である。この年、井伏鱒二は五十四歳。芭蕉により「旅心定まりぬ」と書かれた「白河の関」は、ぜひとも訪れなくてはならないところだが、なぜか井伏はここを素通りしようとする。じつは、かつて白河の旅館で無銭飲食を働いた男があって、宿帳に「井伏鱒二」と記したらしい。確認のため警官が井伏邸を訪れ、迷惑を被《こうむ》ったことがあった。そのため「白河に寄るのは止そう。宿帳に偽名でも書かない限り、胡散《うさん》くさい目で見られるかもしれないから。こっちは、旅心定まりぬというわけにはいかないだろうからね」と、白河を避ける理由を、随行する友人に話している。

井伏鱒二が旅に出るのは、つまり「旅心定まりぬ」心境こそが重要だったわけだ。

ものごとにはリズムがある

「ものごとにはリズムがある」

そう、井伏鱒二は言った。何のことかと思われるだろうが、これは酒席での発言。井伏がよく利用した、大久保の酒場「くろがね」（二〇一二年五月閉店）

でのこと。庄野潤三が一緒に飲んでいた。庄野の家は生田。新宿まで出て、それから小田急線に乗り換え四十分ぐらい。終電の時間が近づくとどうしても腰が浮きかける。それではこのへんで、と立ちかけると、井伏は「ものごとにはリズムがある」と言った。これは井伏流のもの言いで、翻訳すれば「まあ、まだいいじゃないか」「いざとなればウチに泊まっていけばいいよ」「もう少し飲もうよ」ということだろうか。

しかし、翻訳した常套句《じょうとうく》なら、「いや、終電がありますので」「もうしわけないですが、明日があるのでこのへんで」と逃げたりかわしたりすることができそうだ。井伏の「ものごとにはリズムがある」は、文章表現を磨き、極めた男のとっておきの一撃である。庄野は、また腰を下ろすしかなかった。これは喩《たと》えれば将棋の名人戦を見るような場面で、王手で投了である。

「ものごとにはリズムがある」と言われた庄野は、酔いつつ、師たる井伏の言葉に耳を傾けていた。「井伏さんと一緒にお酒を飲んでいる時、／『あ、今云われたことは、よく覚えておこう』と思うことがある」と、「地震・雷・風」という文章に書いている。たとえば、こんな言葉。

「ブナの木は、風にもろくて、よく折れる。安物の下駄で片方ばかりちびるのがある。あれはブナの木で作った下駄だ」

「あの頃（新興芸術派の会の話をしていて）、左翼でないと馬鹿にされた。それで僕もマルクスを買って読んでみようと思ったが、よく分らない。小林（秀雄）が読んでいたから、面白いところをアンダーラインしておいてくれと云ったら、小林が怒った」

マルクスにアンダーラインはひどいが、庄野は楽しみつつ、井伏がもらす片言隻句《へんげんせきく》を心のメモに書きとめた。

男が外で酒を飲む理由

井伏鱒二といえば、どうしても「酒」の話になる。釣りや旅とともに、酒あるいは酒場が、長い井伏鱒二の人生において重要な品目であったことはまちがいない。

コノサカヅキヲ受ケテクレ
ドウゾナミナミツガシテオクレ
ハナニアラシノタトヘモアルゾ
「サヨナラ」ダケガ人生ダ

ウチヲデテミリヤアテドモナイガ
正月キブンガドコニモミエタ
トコロガ会ヒタイヒトモナク
アサガヤアタリデオホザケノンダ

中国の五言絶句《ごごんぜつく》を訳した詩を含む『厄除け詩集』より。どちらも「酒」の詩だ。後者（高適《こうてき》「田家春望《でんかしゅんぼう》」）の結句は「高陽一酒徒」だから、いかに井伏が原詩を、自在に意訳しているかがわかる。大岡信は、これらの井伏訳を「通常いわれているような意味での翻訳というものの範囲を大いに越えてしまっていることもたしかであった」と評している。眼光紙背《がんこうしはい》に徹しても、中国河北省保定市の「高陽」から「アサガヤ(阿佐谷)」は出てこない。

とにかく、井伏鱒二にかぎらず、昔の作家はみんなよく酒を飲んだ。井伏と河上徹太郎の対談に、こんな個所がある。小林秀雄の『アルチュウル・ランボオ』の出版記念会が虎ノ門の「晩翠軒」であった。井伏は「春公の店だろう」と言うのだが、これが記憶違いで、河上は「おれはさんざん小林にからまれたのが忘れられない」から、記憶は確かだ、というのだ。そこで永井龍男が洒落《しやれ》て「アルチュウル・ランボオの会だから、（河上氏と声をそろえて）アル中が乱暴する会と言ったんだよ（笑）」。

このころ、河上は酒を飲み過ぎて、よく血を吐いた。「何度も吐くかい」と否定する河上に「吐いたよ。こっそりね。見栄があるから、人に隠して。それでも飲んでる」。これに対し河上は「『不如帰《ほととぎす》』だ」と笑わせる。「鳴いて血を吐くホトトギス」に引っ掛けた洒落だ。

『不如帰』とは、徳冨蘆花《ろか》の小説で明治期のベストセラー。とくに映画や演劇で大衆に流布《るふ》する。ヒロイン浪子が結核に冒され死ぬ悲恋の物語。ここでは「血を吐く」イコール「不如帰」と洒落たわけだ。昭和前半あたりまで、「結核」を「不如帰」という洒落は通じたのではないか。

小林、河上、井伏のやりとりは、まるで中学生みたいだ。酒を交わした交遊は、どんどん子どもの頃に戻っていくのかも知れない。もちろん、子どもは酒を飲めないのだが、気分としてはそうだ。

さいきん読んだ本に、太田和彦『居酒屋対談集　みんな酒場で大きくなった』（京阪神エルマガジン社）がある。このなかで、酒場の達人・太田和彦が、バーの風景を切り絵にした仕事で名を知られた成田一徹に語りかける。

なぜ人は酒場へ足を向けるのか、しかも「はしご酒」をするのか、という太田の問いかけに、成田がこう答える。

「夜が終わってしまうのが淋しいんじゃないですか。とあるバーテンダーは、『バーへくる人は、淋しいからくるんだ』と言ったという。

長期戦を覚悟

井伏と酒にまつわるいい話がたくさんある。

庄野潤三とのエピソードに代表されるように、井伏の酒は長期戦、というのが特徴。酒席によくつきあった編集者の川島勝は、『井伏鱒二 サヨナラダケガ人生』(文藝春秋)のなかで、井伏を担当するとき、「大事な条件として酒のつき合いが出来ない担当者は失格であった。ある社では井伏さんとその晩つき合った編集者は、翌日は休んでよろしいという特典が与えられたという話も聞いた」という。いい時代である。

どれくらい、井伏の酒が長引くか。これも川島の『井伏鱒二』から。

河上徹太郎を中心とした飲み会に「盆暮会」があった。「盆と暮くらい、気の合った連中に会って、うまい酒を飲もうじゃないか」という趣旨の会だった。常連は、河上、井伏のほか石川淳、三好達治、吉田健一など。最初は、銀座「はち巻岡田」の二階。のち人数が増え、銀座時代の文藝春秋別館四階にあった「辻留《つじどめ》」が会場に。川島が幹事を引き受けるようになった。河上と井伏はうまが合ったという。

川島によれば、井伏が「ここで飲む酒はほんの前座程度のもので、このあと新宿、荻窪という真打の場所が控えていた」。井伏は盆暮会を途中で抜け出し、新宿方面へ。幹事の川島は残り、銀座組のバーへ顔を出した後、井伏を追う。場所はたいてい、先述の「くろがね」だ。「ここで呼吸を整え、それから荻窪に向うので、当然その夜は深更におよぶ」というから編集者も大変だ。

なぜ、これほど長く飲み続けることができるのか。井伏鱒二山脈に連なる一人、小沼丹は、こんなふうに言っている。

「井伏さんは体力があるから、大抵の人は、井伏さんと一緒に酒を飲んでいると、居眠りを始める。例へば、何人かで飲んでゐるとすると、一人、二人と欠けていつて、最後は井伏さん一人になつてしまふ。——一人去り、二人去り、近藤勇はただひとり……。井伏さんはさう呟《つぶや》かれる」

このとめどなく続く酒席から、タイミングよく去る秘訣なんてものは、じっさいのところ、ないだろう。酒席における役割も、大事な話も、たいてい最初の二時間で尽きている。つまり一次会でじゅうぶんなのだ。続く二次会、三次会は、酒の力を借りた糸の切れた凧のようなもので、ただ風に吹かれてどこかへ飛んでいくだけだ。二次会、三次会に至る頃は、たいていみな酩酊《めいてい》状態にあり、誰がそこにいて、何を話したかなんて記憶していないはず。いてもいなくても同じ。さっさと帰ってしまえばいい、と言えばそれまでだが、**最後まで残るかどうかに、その後も長く続く友人関係がかかっている。抜け目なく、戦線を離脱して無事帰還する者と、長い友情は成立しない。私はそう思う。**

ここで井伏鱒二の名作『逸題』という詩を最後にぜひ引いておきたい。男が外で酒を飲む気持ちがよく表れている。

今宵は仲秋明月
初恋を偲《しの》ぶ夜
われら万障《ばんしょう》くりあわせ
よしの屋で独り酒をのむ
春さん蛸のぶつ切りをくれえ
それも塩でくれえ

酒はあついのがよい
それから枝豆を一皿
ああ蛸のぶつ切りは臍みたいだ
われら先ず腰かけに坐りなおし
静かに酒をつぐ
枝豆から湯気が立つ
今宵は仲秋明月
初恋を偲ぶ夜
われら万障くりあわせ
よしの屋で独り酒をのむ

もう一杯、さらに一杯と、杯を重ね、酒精《アルコール》に魅せられて頭がモウロウとしてくれば、否が応でも「自分」というようなやっかいなものは溶けて流れ出る。「旅」と同じく、「酒」もまた「自分なくし」の装置であった。

第二章
高田 渡
気骨の人生風来坊

＊**高田渡**（たかだわたる　一九四九〜二〇〇五）

フォークシンガー。岐阜県生まれ。中学卒業後、印刷会社で文選工として働きながら、ピート・シーガーの影響を受け、フォークシンガーを志す。一九六九年、URCからレコードデビュー。シングル曲「自衛隊に入ろう」が話題になる。社会風刺をこめた歌詞や、演歌の歌詞や現代詩に曲をつけた独特のスタイルが、世代を超えて共感を集めた。北海道白糠町でのライブ終了後に倒れ、そのまま帰らぬ人となる。

ちょいとお先にあの世へ

高田渡がいきなりこの世から退席したのは、二〇〇五年四月十六日。もう十八年も前になるのか。五十六歳は、いかにも若い。いまの私はその年齢を十歳も通り越してしまった。高田渡より歳上になるなんて、考えてみたこともなかった。「もしかしたら僕みたいのがいちばん長生きするのかもしれない」と自著『バーボン・ストリート・ブルース』（ちくま文庫）には書いていたのだが……。

五十を過ぎてからの高田は、口ひげ、あごひげともに真っ白で、仙人みたいな風貌からして古老のイメージがあったが、意外に実年齢としては若く、死のイメージからは遠かった。だから、急逝の知らせは、知人にもファンにも思いがけないものだった。北海道白糠町《しらぬかちょう》でライブをし、その直後倒れたらしい。これが四月三日のこと。釧路の病院にかつぎこまれてそのまま入院。二週間目の四月十六日に息を引き取った。ちなみに、この命日はなぎら健壱の誕生日だそうである。白糠郡白糠町という聞き慣れぬ町名は、地図を見ると、もう釧路に近い人口七千人あまりの町。根室本線に「白糠」という駅があるが、グーグルマップで駅の画像を検索すると、ガランとして人影のないホームには雪が積もっていた。なにもかも便利な東京で暮らす身からすると、最果ての町に思えてくる。

そんな町にも、高田渡は呼ばれ、歌を歌いに行った。そして、そのまま帰らぬ人となったのである。高田渡の歌ふうに言えば、「**みなさん、ちょいとぼくは、あの世とやらに行ってきますよ。お先にね**」という感じであろうか。

私は、「サンデー毎日」の取材で、二〇〇一年九月に高田渡と会っている。ちょうど『バーボン・ストリート・ブルース』が山と渓谷社から和田誠装画により刊行され、それに合わせた著者インタビューだった。同じ毎日新聞社で、書評ページを手伝っているフリーライターの荻原魚雷くんに「今度、渡さんに会うんだけど、カメラ担当ってことで、魚雷くん来ない？」と言うと、二つ返事で同行したのだった。

今その記事をスクラップ帳で確認すると、掲載は「二〇〇一年九月三十日号」。すでに二十年以上前のできごとだ。

伝説の「眠り」を目撃

高田渡については、音楽も好きでよく聞いていたし、なによりその偏屈、孤高、ユーモアを私は深く愛していた。音楽とともに存在が好きだったのだ。ライター人生において、高田渡を取材することは念願の一つだった。だから会えると決まった日はうれしかった。

指定された場所は、高田渡の縄張りである東京・吉祥寺だ。行きつけの焼き鳥屋「いせや」を、通り過ぎてまだ先、吉祥寺通り沿いに面した建物の地下にあった居酒屋「下駄屋」。スズキコージの大きな絵がいくつも飾ってあった居心地のいい店で、私は赤穂《あこう》出身の詩人Hさんに連れられ、ここで何度か飲んでいる。詩人の集まりに参加して、埴谷雄高《はにやゆたか》を見たのもこの店。あの埴谷〝死霊〟雄高と同じ空間でお酒を飲むなんて、大阪にいた頃には考えられなかった。

今、検索してみると、「下駄屋」は二〇〇五年七月に閉めている。同じ年の四月に高田渡が亡くなったことと関係があるのかどうか。「いせや」とともに、行きつけの店であったことは確かで、取材の日も、私と魚雷くんが先乗りして待っていると、階段を下り、ドアを開けてふらりと現れた渡さんに、店をきりもりする女主人が「ああ、渡さん……」と応えたような気がする。

もちろん酒が入ってのインタビューとなった。細部の記憶は飛んでいるものの、覚えているのは、高田渡から叱られたこと。そして、目の前で渡さんが眠ってしまったことだ。ライブの最中に、酔っぱらって眠ってしまったことは、半ば伝説化しているが、その伝説を目撃できた。かなり酒が進み、言葉が途切れて沈黙したかと思うと、身体が傾き、やがて小さないびきが聞こえ始めたのだ。ライター生活、この時十数年目で、何百と取材をこなしてきたが、取材対象が眠ったのは初めて。しかし、うれしかったなあ。この気持ち、高田渡ファンなら、説明不要だろう。

「便利」ということばで叱られた

いまは、ちくま文庫に収録されている『バーボン・ストリート・ブルース』は、テーマによって、行きつ戻りつはあるが、ほぼ高田の人生を振り返った自伝になっている。渡さんには『個人的理由』というタイトルの私家版詩集はあるが（のち、ブロンズ社より刊行。現在は文遊社）、こういうまとまったかたちでの著作は初めてのはず。父親のこと、生い立ちのことから始まって、青少年時代、京都時代のことなど、かなりくわしく書かれている。簡略ながら年譜とディスコグラフィーも付いていて、高田渡のことを知るには、非常に便利な本なのだ。私は素直にそう思い、渡さんに「こういう本が一冊出ていると、御自身にとっても便利ですよね」と言ったところ、怒り出したのだ。

「便利？　キミはものごとを便利か便利でないか、で考える人か？　オレは嫌いだね、そういう考えは」

言われてみればその通り。高田渡の人生を考えれば、「便利」などという俗にまみれたことばが入り込む余地はない。私が言った意味は、本当はちょっとニュアンスが違ったのだが、「便利」ということばはよくなかった。ふさわしくなかった。そのことをピシャリとやられて、むしろ私は気分がよかった。いかにも高田渡的なもの言いだからだ。

「すいませんでした」と素直に謝って済んだが、このことは、あとあとまで忘れないだろうとその時思い、事実、いまでもちゃんと心に残っている。

「運転免許証は持っていません。ゴルフをしたこともありません。もちろん、携帯電話など持ったこともないし、インターネットもしたことありません」という「ないないづくし」なのが、『バーボン・ストリート・ブルース』に書かれた高田渡の生活スタイル、あるいは信条であった。「便利」が入り込む隙《すき》はまったくここにはない。「便利」イコール「善」という考えは、高田にはなかった。むしろ**「不便」とすることにこそ、人間の営みが色濃く現れる**と考えていたのではないだろうか。

「便利」を拒絶したところから、高田渡の生活の歌が生まれた。

せっかくだから「サンデー毎日」に掲載されたインタビューから、一部再録してみる。

最初は「金鳥《きんちょう》」のテレビCMに出演した話から。四畳半ぐらいの部屋でギターを弾きながら、渡さんが「生きていくのも面倒だ」と歌う。不思議なCMだった。ハウスのクリームシチューのCMソングを歌ったり、バブルがはじけた一九九〇年代から、にわかに高田渡が「いまどきでない人」として、脚光を浴び始めたのだ。子ども世代といっていい若いミュージシャンたちからも、共演の声がかかったりした。

NHK－BSが「フォーク大集合」と題して、フォークソングを一種の「懐メロ」扱いするライブ番組を放送していたのもこの時期。高田渡は何度か、ホールに詰めかけた中高年層を前にギターで歌っている。そこで「じつはウチはBS入ってないんで、見られないんです」と言ったが、放送ではカットされたと語っていた。

「つけようと思ったんだよ、衛星放送をさ、せっかく出演してんだから。ところが電気屋が来て、お宅の屋根にはBSのアンテナが立てられませんって言うのだよ（笑）。言っとくけど、ウチは長屋だからね」とインタビューで話し、私と魚雷くんを笑わせた。

この語り口、生きていた頃の高田渡をホーフツとさせる。

その名も「第二銀嶺荘」

「長屋」とは、住所で言えば東京都武蔵野市中町三丁目二番地十号にあった「第二銀嶺荘」。取り壊された現在、跡地にはマンションが建っている。木造二階建てアパートの一〇五号室に高田渡は長年住んでいた。ドキュメンタリー映画『タカダワタル的』にも、このアパートの二間っきりの高田家室内が映っている。電気は十五アンペアまでしか使えない、という説もあった。

一般家庭で契約する平均アンペア数は三十、と資料にあったが、十五アンペアでは基本使用料はその半分となる。クーラーや電子レンジなど、電力を食う電化製品を使っていれば、十五アンペアではすぐにブレイカーが落ちてしまう。

フォーク史にゴチック体で名が刻まれ、少なくとも音楽界ではビッグネームとして知られたわりに、住まいは慎ましい。「舞台で寝てしまう」伝説、無類の酒好き、長屋住まいという共通点で思い浮かべるのは、落語家・古今亭志ん生だ。高田渡はフォーク界の志ん生であった。

しかし、最後の十年か十五年ぐらい、CM出演や各種ライブのギャラなど、高田の経済的水準は上がっていたはずで、その気になれば、もっと広いマンション（アンペアも高い）に移れたと思うが、それをしなかった。面倒だったのだと思う。

この長屋アパートの最寄り駅は「三鷹」だが、高田の足はもっぱら隣駅になる「吉祥寺」へ向かう。距離にして二キロ弱。ここに吉祥寺名物の焼き鳥屋「いせや総本店」があった。旅暮らしの日々で、自宅にいるかぎり、高田は「自転車に乗って」、「いせや」へ向かう。「いせや」は昭和三（一九二八）年創業。木造二階建ての民家ふうの造りの店で、一、二階に客席があり、通りに面してカウンターがあり、ここで目の前で焼かれる焼き鳥をぱくつきながら酒（焼酎）を飲む高田渡の姿がよく見かけられた。二〇〇六年にいったん閉店。近代的ビルに建て替わって、昔ながらの姿を残しつつ新装開店したが、高田渡はそのことを知らない。昔のまんまの「いせや」を記憶に抱いたまま逝ってしまった。

居酒屋ブームを作った番組、BS－TBSで今も続く、吉田類「酒場放浪記」の第一回目がこの改築前の「いせや総本店」だった（二〇〇三年九月一日放送）。吉田類が、店から出てきて、路上で「いせや」の感想をカメラに向かって喋るとき、後ろの公衆電話で煙草を片手にした男の背中が映る。振り返ると、なんと高田渡。図らずも、BSが見られない高田渡の素の姿が偶然、映し込まれた瞬間であった。

「いせや」へは、後輪が二つの自転車で通ったという。たしかに酔っ払って運転する時、三輪自転車のほうが安定している。なぎら健壱によれば、「早く酔って早く寝るから、早く目がさめるの」。朝六時頃に目ざめ、午前八時か九時には「いせや」へ向かっていた。当然ながら、まだ店は開いてないが、仕込み中のところを潜り込んで、「顔」で飲んでいたという。

『若者たち』とシバさん

フォーク小僧だった我々には「シバさん」の通り名が親しい、三橋乙揶《みつはしおとや》さんが国立《くにたち》の古民家ギャラリー「ビブリオ」で、作陶展「三橋乙揶作陶展 青い空の日2015」を開催された。シバさんは、高田渡を中心に結成された「武蔵野タンポポ団」の一員でもあり、高田の盟友であった。

私は作陶展の初日にうかがい、在廊されたシバさんとあれこれお話しをさせてもらった。後日同じ会場でギターの弾き語りとトークライブもあり、こちらにも参加した。そこで話された中身がとても印象深く、高田渡との出会いも含め、貴重な証言として、ここに書きとめておきたい。

シバさんは本名・三橋誠。音楽をする際は「シバ」、漫画と作陶には「三橋乙揶」と名前を使い分けているようだ。一九四九（昭和二十四）年八王子生まれ。高田渡とは同い年。高校在学中から漫画を描き始め、卒業を待たずに一九六七（昭和四十二）年から永島慎二に弟子入りし、アシスタントを務める。この頃、永島慎二は「少年キング」に大ヒット商業作品『柔道一直線』（梶原一騎原作）、「COM」には純文学漫画とも言える『フーテン』と、両極端な作品を描いていた。私は少年期、この『フーテン』に激しく感化された。

一九六八年から七〇年にかけて「漫画アクション」に連載された『若者たち』には、村岡栄一、向後《こうご》つぐおを始めとする、永島のアシスタントたちがそのままキャラクター化され、主要人物となって登場する。「昭和43年10月、青年漫画家・村岡栄（22歳）はその日ふたりのわかものをひろった」と始まるこの青春漫画は、一九六〇年代末の阿佐ヶ谷の風景が、伝説の喫茶店「ぽえむ」を中心に描かれ、じつに興味深い。六〇年代末から七〇年代の中央線文化は、まだ無名だったフォーク歌手、漫画家、演劇青年たちによって作られていったのだ。

『若者たち』では、村岡が道ばたでくすぶっていた若者二人を拾い、彼の三畳一間の下宿に着いてみると、すでにそこには向後（向後つぐおがモデル）と、マコちゃんと呼ばれる画家志望の若者がいた。この「マコちゃん」がシバさんである。村岡の「先生」である漫画家「なにも太郎」は、永島慎二そっくりだし、それぞれがモデルとなった当人に似せてキャラクター化されてあるのが『若者たち』のおもしろいところ。

「マコちゃん」も若き日のシバさんをホウフツとさせるのだが、ご本人の口からおもしろい話を聞いた。永島慎二は似顔絵がうまく、ほかの登場人物については、見慣れたアシスタントたちの顔をうまく漫画化することに成功した。しかし、どうしても三橋誠だけはうまく描けない。そこでシバさんに、「ちょっと自分の顔を描いてくれるか」と頼み、「先生、ぼくの顔はこんなふうですよ」と紙に描いたら、そのまま採用されたというのである。

『若者たち』は、一九七四（昭和四十九）年にNHK「銀河テレビ小説」シリーズ枠で『黄色い涙』というタイトルによりドラマ化された（「嵐」主演で二〇〇七年には同タイトルで映画化）。市川森一《しんいち》がうまく脚本に仕立てたこのドラマは、永島慎二書き下ろしのタイトル画、小椋佳の主題歌により、記憶に残る作品となった。私はこれを熱心に見ていたので強い印象があるが、村岡を森本レオ、三橋が下川という名で下條アトム、向後が向井となって岸部シローが扮した。

ここでまたシバさん自身からおもしろい話が。ドラマ化されるとき、じつは三橋に相当する「下川」（これは下條アトムと決まってつけられた名だろう）役に、シバさん本人の出演が決まりかけていたそうだ。ところが、リーダー格となる森本から、「やっぱり素人では難しいだろう」というカタチでクレームがつき、下條の登板となった。

聞かなくてはわからない話がたくさんあるものである。

高田渡との出会い

シバさんの話でずいぶん足止めを食ったが、そろそろ高田渡登場の方へ舵《かじ》を取りたい。二人の出会いの話から。高田の死後二年たって作られた『高田渡読本』（音楽出版社）には、知人友人など関係者によるインタビューと追悼エッセイが収録されていて、そのなかにシバさんの名前がある。

「山頂の空」というタイトルで「全ては今につながって、目の前には、ただ長い道がつづくだけ。振り向くと、そこにはもう何もない。あるのは、あの頃の甘酸っぱい思い出だけ」と、六〇年代終わりの自らの青春と、高田渡との出会いがつづられている。ほぼ同じ内容のことを、「ビブリオ」のライブでもご本人の語りから聞いているが、文章では触れられなかったこともある。『高田渡読本』収録のエッセイを引用しつつ紹介したい。

油絵を描きつつ漫画も描いてはいたが、なかなか芽が出ないシバさんは、ある日、日本海が見たいという、ただそれだけの理由で部屋を飛び出す。周囲に山しかない八王子出身のシバさんは、海に憧れていた。国道二〇号線をヒッチハイクで北上、長野を経由して、何日目かに日本海へ出た。幸せそうな家族やカップルが水遊びをするのを見て、もうそれだけで海にも飽きてしまったシバさんは、今度は京都を目指す。そこに高田渡がいたからだ。

これまたヒッチハイクで京都入りし、市内で車を下ろされたところで途方にくれた。「高田渡が京都に居ると言うことで来てはみたものの、この広い京都の街のどこに居るというのだ」と書かれているが、高田の住所も知らずに京都へ来たというのだ。電話番号なんて論外。そんなあやふやな情報で、とりあえず出かけていく六〇年代末の若者の野放図《のほうず》さと行動力にあきれてしまう。と同時に、情報に縛られぬ自由さは、何やらうらやましくもある。

「なんのあてもなく、歩道に座り込んでいた俺に」と、そのままフォークソングの歌詞になりそうな場面があり、「偶然といってしまうには、あまりに必然な偶然だったのだろうか」という事態に遭遇《そうぐう》する。歩道に座り込むシバさんに、見知らぬ女の子が声をかけてきた。

「あんた、深大寺《じんだいじ》で歌ってたやろ」と関西弁の彼女は言うのだった。東京・調布市の深大寺で、ロックフェスティバルがあり、飛び入りで歌ったシバさんを京都在住の彼女は見ていた。「何してんのん」と話しかけてきたので、高田渡に会いに来たのだと告げると、「渡ちゃんならいつもロクヨウにおるよ」と言う。「ロクヨウ」とは河原町三条下ルに今もある喫茶店「六曜社」。昭和二十三（一九四八）年オープンの老舗で、一階と二階に店が分かれている。フォーク歌手でもあるオクノ修氏が現在、取り仕切っている。私もたびたび飲んだが、コーヒーが旨い店である。

その「ロクヨウ」の場所を女の子に聞くと、なんと「目の前を指さして、『そこ』と言った」。シバさんは、まったく偶然ながら、初めて来た京都で、河原町通を挟んで「六曜社」の目の前に座り込んでいた。

友達の作り方

さっそく訪ねてみると、まだ高田渡は来ていなかったが、店の人の話によれば「そのうちに来るんじゃないか」というので「待っていると、来た」。京都の名店「イノダコーヒ」を歌った高田渡の「珈琲不演唱（コーヒーブルース）」は、のちの酒仙歌手が、若き日は下戸で、〝コーヒー党〟であったことを示す。

それから六時間、コーヒーを前に二人はさまざまなことを話したという。これは『高田渡読本』の文章には書かれていないが、そのとき高田渡は「言っとくけど、ウチには泊めないからね」とはっきり言ったというのだ。おそらくその頃、京都には高田渡がいる、という理由で上洛する音楽仲間がけっこういた、と思われる。シバさんは、ヒッチハイクで乗せてもらった人が京都にいるからだいじょうぶ、と答えた。

東京の高田渡が、なぜ京都に住んでいるか、という話は別にして、下宿は山科にあった。『高田渡読本』に収録された藤井暁のエッセイが「山科の下宿屋」。藤井は久保田真琴、細野晴臣、大塚まさじなどを担当したレコーディング・エンジニア。検索して驚いたが、二〇一三年十一月に急逝されていた。この藤井が京都在住の若き日、高田渡の下宿へよく遊びに行っていた。「京都へ移って来た渡さんは、京都の東、山科のちょっと小高い丘の上に住むようになった。坂道の途中によく吠える犬がいた」と、今となっては京都時代の高田渡を知る貴重な証言だ。

おそらく、この下宿に大勢の友人や、そのまた友人などが詰めかけ、ときに泊まっていった。想像だが、高田渡はそのことにややうんざりしたのではないか。ヒッチハイクで東京から来たというシバさんもまた、自分の下宿を宿泊所としてあてにしていると思い、「ウチには泊めないからね」とクギをさしたのだ。

シバさんは結局、その夜、ヒッチハイクで拾ってもらった若者の部屋に転がり込む。すると、翌日、高田渡がそこへ訪ねてきた。ちょうど部屋にギターがあったので、シバさんが弾き出すと、今度は「ウチへ来い」と言う。六時間話し込んだことよりも、ギターを弾いたことが二人をより深く結びつけた。いい話だ。友達はささいなきっかけで作られてゆく。

シバさんの高田渡話はまだ続く。

高田渡やシバさんの仲間たち、フォークを歌っている面々は、今でも顔を合わせると会わなかった月日を超えて、すぐうちとけるという。しかも年齢の上下や、この世界での先輩、後輩といった敷居はなく、「シバ、元気にしてる?」「よう、渡」というふうに、気軽に呼び合う仲だったというのだ。

「なんか、ちょっとほかと違う、変わった世界なんだよね」とシバさんは、少し誇らし気にそのことを語っていた。同じ歌の世界でも、演歌や歌謡曲では考えられない風通しの良さだ。たとえば、演歌の歌手なら、曲を作ってもらった作詞家や作曲家に対して、例外なく「古賀先生」「阿久先生」と、「先生」づけで呼ぶ。先輩にはもちろん「さん」。かしこまって、敬愛の情を忘れない。そのことはもちろん悪いことじゃない。

しかし、フォークの場合、基本的に自作自演だから、「先生」と呼ぶべき存在がない。それに、高田渡、中川五郎、岩井宏、シバ、中川イサトなど、デビューの時期に多少の前後はあっても、六〇年代の終わりからみな一斉に出てきたという印象がある。フォークというジャンルが、そもそも彼らの登場でかたちになっていったのだ。その同志的結びつきは、変な遠慮や、世間的な上下関係を最初から排除したところで生まれたものではなかったか。

その自由さの中から、さまざまな歌と友人関係が作られていったのだ。

貧民窟の父子寮「塩崎荘」

高田渡といえば、中央線のイメージが強いが、生まれは岐阜。もとの実家は資産家で裕福な幼年時代を送ったようだ。詩人で共産党員でもあった父親・豊は戦争を挟んで、波乱の人生を送るが、渡八歳のとき妻を亡くし（渡にとっては母）、子ども四人を連れて上京してくる。これが一九五七（昭和三十二）年の頃。

『バーボン・ストリート・ブルース』によれば、「とりあえずは渋谷の道玄坂附近の旅館に何泊かして、それから武蔵小山のアパートに移った」。その後「目黒不動のそばの下目黒」や品川の安アパートに引っ越すなど「一年足らずの間に何度も居を替えた」という。だから友達もできなかった。上野公園に近い、戦後に米軍宿舎として建てられた「カマボコハウス」（なぎら健壱『NHK知る楽 こだわり人物伝 2010年2―3月』日本放送出版協会）に住んだこともあったという。屋根があって、寝られるところならどこでも、といった感じだったかも知れない。

練馬に住んでいたとき、父親が珍しく外食をしようと言い出し、蕎麦屋でカレーライスを食べたことがあった。その夜、寝ていた渡含め兄弟たちが叩き起こされ、アパートを後にした。「夜逃げ」であった。この話は、前に触れた「サンデー毎日」のインタビューでも、おかしそうに渡さん自身が語っていたことを思い出す。

そうして「夜逃げして行った先は、上野公園のすぐそばにあった難民収容所のような施設だった。アメリカ軍が使用していたカマボコ型のハウスで、隣とは毛布一枚で隔てられていただけだった」。ここに一週間いて、次に住んだのが深川の「塩崎荘」という父子寮だった。八歳から十三歳まで住んだという。しかし、二〇一六年四月二十一日に国立の古民家ギャラリー「ビブリオ」で開催した第七回中川フォークジャンボリーでお招きした長兄・高田驍《たけし》さんの話によると、この父子寮にいた期間は、渡さんが言うほど長くなかったようだ。

この父子寮は、今では考えられないような造りになっていた。「四畳半ぐらいの広さの部屋に、二家族が入れられた」というのはまだしも、「部屋を上下に分けて、それぞれに一家族ずつが生活していたのだ。部屋の高さが通常の半分だから、立ってズボンを穿くことができなかった。ナチの収容所みたいなものだった」。普通なら、四畳半を二畳強ずつに分割してそれぞれ二家族が別れて住むところだろうが、上下に分けるというのがすごい。前出書でなぎら健壱が評す「カプセルホテル」が、言いえて妙という感じ。

貧しさの中から

この「塩崎荘」について、ネットでいろいろ検索すると、次のようなことがわかった。

「塩崎荘」は、FIWCという団体が建設した施設。フレンズ国際ワークキャンプの略である「FIWC」は、一九五二（昭和二十六）年に母体となるAFSC（アメリカンフレンズ奉仕団）から独立して設立された。これは戦争による民間犠牲者たちを救済するため活動していた団体で、戦災孤児を対象とした収容施設、結核療養施設なども建設した。そのなかに、東京近郊における父子寮、母子寮もあったというのである。「塩崎荘」はその一つ。

具体的にどこにあったかは、高田が記した「深川」以外にはわからぬが、じつは「新塩崎荘」という名称の建物（もちろん高田一家が住んでいた頃のものとは違う）が二〇一七年六月現在、存在する。住所は江東区塩浜二丁目五番地十五号。江東区塩浜福祉プラザに隣接し、ここが同じ名称の民間アパートというより、何らかの福祉目的で建てられた宿泊施設のようだ（ホームページには「更生施設」とある）。

江東区塩浜は、一九六八（昭和四十三）年の町名合併以前、深川浜園町、塩崎町と

呼ばれていた。「塩浜」という町名から類推できるように、一帯が東京湾の埋め立て地で、かつては貧民が多く住みついた町であったが、現在はタワマンが建ち並ぶ一帯となっている。

昭和三〇（一九五五）年の「塩崎荘」内部の写真を見ると、狭い廊下を挟んで両側に、上下を板で区切った二段ベッドのような造作が続き、そこに大勢の人が押し込まれて住んでいる。なるほど「ナチ収容所」を想像させなくもない。見る限り、プライバシーはほとんど存在しない空間で、劣悪きわまる環境である。

父親は日雇い労働者となり、小学校高学年より高田渡も新聞配達をして家計を助けた。しかし、そんな**苦難の時代を描く高田の筆は不思議と明るい。**

「僕はそういう街の一角に住み、そういう人たちといっしょに生活してきた。そして、そういうなかで生活している人たちがいかに明るいかを知ることができた。／それが僕の根っこになっていることは間違いない。／だから当時、どんなに貧乏をしていても、不思議と悲壮感だけはなかった」

『バーボン・ストリート・ブルース』にそう書いている。父親は質屋通い、渡は給食費が払えず、学校で張り出される未納者リストにいつもその名があった。しかし、「塩崎荘」の住民も、周辺に住む人たちも、平等に貧しかった。落語の舞台となる

「貧乏長屋」を想起させる。貧富の差は、比較するものがあって初めて意識されるもので、大して差のないランクで周りと同じく貧乏する分には、悲観のしようがない。

悲観は格差から生まれる。

「移動労働者として長い放浪生活を送った経験から、貧しい民衆の生活を歌に託した」(『バーボン・ストリート・ブルース』)

ウディ・ガスリーを高校時代に聞いて、高田渡はフォークソングにのめりこんでいく。貧しさの中からつかんだ、生活の実感がすでにあった高田にとって、その出会いは必然であったろう。

添田唖蟬坊

高田渡を作った、もう一人のアーティスト(なんていう言い方はいかにも似合わぬが)が添田唖蟬坊《そえだあぜんぼう》だ。添田は明治の自由民権運動の流れから生まれた社会思想家＋芸人＋シンガーソングライター。演歌師と言われるが、これはいま五木ひろしや八代亜紀が歌う「演歌」とはまるで違う。「まっくろけ節」「ノンキ節」などが有名だが、辻に立って、政治や社会を風刺する歌を独特な節をつけて歌ったのが彼だ。ストリートミュージシャンの走りと言えばいいか。

高田は、ウディ・ガスリーに影響を受けるとともに、この明治大正のフォークソングの元祖のような人を発見する。エノケン、小林旭、小沢昭一など、啞蟬坊のすごさに気づいていた人はほかにもいた。岡林信康の「くそくらえ節」など、初期日本フォークの面々、とくに高田渡が顕著に、その影響を強く押し出した。和洋や、時代の違い、あるいはジャンルそのものの差を、軽くのりこえて自分のものにしてしまう。その自在さにおいて、高田の歌は、意外に古びず、バブルが崩壊した九〇年代に再発見されることになる。

だから、『高田渡読本』のインタビューで、小室等が高田を「エノケンの系譜」と位置づけているのは正しいのである。

この高田による添田啞蟬坊発見について、非常に驚いたのが二〇一三年末に急逝した大瀧詠一だ。大瀧が自分が出演するFM番組に高田をゲストに招いて語り合った回で、こんなふうに語っていた。ここで高田は、アメリカのフォークソングに影響を受けながら、日本でその頃歌われていた、フォークソングと呼ばれる、たとえばマイク眞木による「バラが咲いた」などを「何か、変だな」と思っていたという。「労働歌をうたっても、労働の匂いがしないやつね」と大瀧が「変」の中身をフォロー。マイク眞木の方だって、自分の音楽が高田渡や大瀧詠一と同じジャンルとは思っていなかっただろう。

「フォーク」という言葉が、やや拡大解釈され、ギターで歌われる素朴な世界、あるいは歌謡曲を薄めたようなものと捉えられていた時期があった。高田たち「純」フォークの面々はそのことに反発していた。そこでぶつかったのが、かの添田唖蟬坊だった。音楽評論家の三橋一夫に存在を教えられたという。三橋は当時、高校の先生をしていて、高田渡少年にとっての音楽の指南役。ひんぱんに三橋家に出入りして教えを乞うていた。高田渡は、三橋経由で唖蟬坊を知り「あちらのフォークソングよりもっと前に、もっと素晴らしい人がいた。アメリカにペコペコする必要がない」と思ったという。さっそく「新わからない節」で、唖蟬坊の歌詞を、ウディ・ガスリーの曲に乗せて歌うという離れ業を見せた。それに驚いたのが大瀧詠一だった。

大瀧詠一を驚かせたもの

ほとんど歌を歌わなくなっていた大瀧詠一が、一九九〇年代からライフワークにしていたのが、日本に輸入された洋楽と歌謡曲研究。明治にまで遡って、徹底してマニアックに研究しつくした。その成果が、NHK‐FMで「大瀧詠一の日本ポップス伝」と題されて、一九九五年と九九年に発表されている。

前に触れた高田渡を招いてのラジオ放送の中で、大瀧は、高田渡によって添田唖蟬坊の名を教えられたと語っている。高田のバックを務めた際に、レコードをもらったら、そこに添田唖蟬坊の名前があった。

「明治の演歌に注目したっていうのが不思議だった。ほかに誰もいないんだよ、あの頃。なんだ、これ？って」

厳密には、高石ともやもまた、唖蟬坊に注目し、彼の歌を歌ってはいたのだが、高石の音楽は、おそらく大瀧の視野には入ってこなかったろう。唖蟬坊による社会風刺を盛り込んだ明治演歌を、アメリカのフォークソングのメロディに乗せて歌う。それで、愛だの恋だのと歌う、カレッジポップスの流行から自由になっていく。そうしたアイデアが、最初から高田にあったことに、大瀧は驚くのである。

唖蟬坊だけではない。谷川俊太郎『ごあいさつ』、山之口貘《ばく》『生活の柄』、菅原克己『ブラザー軒』、三木卓《たく》『系図』、黒田三郎『夕暮れ』など、現代詩人の詩に曲をつけて歌っている。現代詩に曲をつけて歌う試みは、たとえば同時期、小室等が『私は月には行かないだろう』というアルバムで、意欲的に取り組み、成果を挙げている。どちらも初期からフォークソングというジャンルを形成してゆくシンガーであった。

ギターを持ち、コードをかきならせば、洋楽のポップスやアメリカのフォークソングからの影響で、とりあえず素人でも曲を作ることができた。問題は歌うべき中身……詩だったのである。盛り込むことばのストックや一編の詩として完成させる技術が、一九六〇年代末の日本の新しい音楽づくりのなかで不足していた。「はっぴいえんど」における松本隆は、そうした状況下で、苦しみながら「都市」の風景を歌うというスタイルを手に入れる。

高田渡はどうしたか。高田は若き日より、ノートに詩を書き付けていた。歌を乗せる前提としてではない、裸形としての詩である。それは『個人的理由』にまとめられた。一つ引いてみよう。『十字路』と題された短い作品。

「秋のおとずれを／感じとったボクは／十字路へと出る（十字路に立ち止って／秋との面会）ボクの肩に手をかけ／そっと／林にキッスをする／そして、笑顔を残し／去ってゆく／ボクは／十字路をつきぬける」

一九六九（昭和四十四）年の秋頃書かれた詩らしい。となると、京都時代か。「自衛隊に入ろう」や「鉱夫の祈り」の作者とは思えないナイーブな抒情詩だが、これもまた高田渡であった。高田渡にだって青春はあったのである。ただ、こうした甘い詩を歌に乗せるわけにはいかない。誰が聞いても高田渡、という独特なフォームは、どうして生まれたか。

よく知られるように、父親の豊も同じ若き日に詩を書いていた。一九六四年に自費出版された『詭妄《きもう》性詩集』という一冊の詩集を残している。

高田は高校在学中に失ったこの父親から強い影響を受けている。豊は息子の渡に「君が代」を、「あれは万葉期のラブソング」と教えた。だから、小学校の卒業式でも、ただ一人「君が代」を歌わなかったと『バーボン・ストリート・ブルース』に書いている。**高田渡は早くから経済的にも思想的にも自立していた。**

社会の常識や通念にやすやすとは呑み込まれない。貧民救済の施設で、蚕棚のような場所で寝起きし、社会の底辺で蠢《うごめ》く人たちとともに生きた。その強い「反骨心」が高田渡を育てたのだと私は思う。高学歴の大学生たちが、国家の体制に対して抵抗した学生運動とはまた違う。本から得た知識や思想ではない。**筋金入りの、地から湧き出た「反骨心」であった。**

フォークソング熱

高田渡がフォークソング熱におかされたのは十六歳の頃、ピート・シーガー、ウディ・ガスリー、そしてボブ・ディランなど、アメリカのフォークソングの存在を知り、夢中になっていく。その熱がいかに高いものだったかは、二〇一五年四月に刊行された『マイ・フレンド 高田渡青春日記1966―1969』（高田漣《れん》編／河出書房新社）で知ることができる。没後に、遺品の中から発見された「マイ・フレンド（アルファベットで表記）」という日記帳をほぼそのまま採録した本だ。「アバヨ、友達、君を知ってよかったよ」と、いつも最後を締めくくる。『アンネの日記』みたいに、日記を「友達」にして語りかけるスタイルが微笑ましい。

とくに書きはじめの一九六六（昭和四十一）年三月からその年の暮れは、毎日、詳細で長文の日記がつづられている。十七歳だった高田渡の心情と行動が如実に記され、じつに興味深い。アメリカのフォーク・ムーブメントのパイオニアで、日本でも「花はどこへ行った」などの曲で知られるピート・シーガーが、十代の高田渡の心に突き刺さる。バンジョーという楽器を知り、しかし、どうやって入手するのかもわからず、ウクレレを改造して八弦の楽器を製作したり（壊れてしまう）、手製のバンジョーにも挑戦したりしている。ハーモニカ・ホルダーの存在を知らず「バンド」で留めるものと考えていたなど、情報が少ないなかで、なんとかフォークソングを理解しようと涙ぐましい努力を続けていたことが、この日記でわかる。ピート・シーガーには、なんと知人に英訳してもらって手紙まで出している。

一九六四年に中学を卒業した高田は、共産党機関紙などを印刷する「あかつき印刷」に就職。文選工（原稿通り、活字を拾う仕事）として働き始める。「あかつき印刷」は代々木（住所は渋谷区千駄ヶ谷）の共産党本部裏手にあり、いまもある。日記に登場する、高田がよく本を買った「美和書店」は社会科学系や労働問題などの資料や書籍を扱う書店で、「あかつき印刷」からも共産党本部からも近い。この書店も現役でがんばっている。つまり、町全体の様子は変わってしまったが、およそ半世紀前の、高田渡の青春を追体験する手がかりは、その後開通した「東京メトロ副都心線」の北参道駅附近を散策すれば、色濃く残っているのだ。

『タカダワタル的』

タナダユキが監督したドキュメンタリー映画『タカダワタル的』は、高田渡のステージを中心に、その音楽生活と交友、行きつけの焼き鳥屋「いせや」で酒をあおる日々を収録。二〇〇四年に「テアトル新宿」で公開され、話題となり、全国でも公開された。

私はリアルタイムでは上映を見逃し、入手したDVDでようやく見ることとなった。DVDは二枚組。本編のほか、映画未収録の番外編特典映像が収録されている。企画に劇団東京乾電池が関わっており、とくに柄本明が高田渡に入れあげていた。

映像のなかで柄本がこう語る(引用は正確ではない)。

「『ぴあ』を見てたら、高田渡のライブが、『MANDA-LA2』(吉祥寺のライブハウス)であることを知った。下北沢から近いので行ってみた。(そのとき)渡さん、気持ち悪そうで、もう最悪。ちょこちょこっとやって、すぐに引っ込んでしまった。それでハマっちゃった。何にも昔と変わっていないことに驚いた。一体、これはどういうことだ、と思って、しばらく追っかけをやっていた」

「気持ち悪そう」というのは、当然、酒の飲み過ぎだろう。『タカダワタル的』には、柄本明がプロデュースした「スズナリ」(下北沢)でのライブを始め、「拾得《じっとく》」(京都)、「CAY」(青山)などでのライブ演奏が収録されているが、素面《しらふ》でいることはほとんどない。ステージでもしばしば床に焼酎の入ったコップを置き、飲みながら歌うこともした。それが『タカダワタル的』であるとも言えて、客も文句を言わなかったのである。

映画では、本編の歌とともに、合間の喋りも切らずに収録している。「スズナリ」では、楽譜を見るための老眼鏡が、楽屋からステージへ向うに至って見つからず、見つからないままステージに立つ。「まあ、よく歌っている曲ばかりだからだいじょうぶだろう」と歌い出し、それでもやっぱりうまく見えなかったらしく、ライブの途中で、客席に向かって「誰か、老眼鏡持ってない？」と呼びかける。すると、前列近くの客が自分の老眼鏡をケースごと差し出し、なんと高田渡は、他人の老眼鏡をかけて歌い出した。

別のライブでは、ステージの酒が切れたのを察して、若い客が酒を差し入れする一幕もあった。このとき高田渡は、「こういうとき、ふつうはお通しがつくもんだけどね」と言って笑いを取っている。

野放図というのか、自由自在というのか、あるいはだらしがない、というのが一番当たっている

のかもしれないが、それらを含めて高田渡なんだという共通認識が、共演者にも客にもあったことはまちがいない。「風に吹かれて」生きていた。

武蔵野の水

青山CAYでのライブは異色だった。「CAY」は青山学院大学近くの「スパイラル」に入っている、とびきりオシャレなタイ料理レストランで、ときどきライブも行われている。そこに登場したのが高田渡だ。ステージに上がって早々、青山を「私に合わない場所」と言い、「奥さんが、行っといで、青山なんてめったにいくことないんだから」と押し出されたと客席を笑わせていた。

たしかに、青山、赤坂、六本木は、東京において、高田渡のイメージからもっとも遠い場所かもしれない。「CAY」でのステージでも「武蔵野の水とかモノを食ってからいかないと、アタる」と違和感を示す。「武蔵野の水」という表現がおもしろい。ライブのための旅に出る以外、ほとんど武蔵野のエリアから外へ出ることがなかった。自宅のある三鷹から、吉祥寺の焼き鳥屋「いせや」まで。この往復で、ほぼ高田渡の日常はこと足りたのである。それにしても『タカダワタル的』に「いせや」が登場する回数は多い。一度だけ、自宅に映画のスタッフを招いての飲み会というシーンがあるが、それ以外は「いせや」。ほとんど応接間代わりに、この店を使っていた。社長を始め、店員の誰もが知り合いで、挨拶、軽口を交わす場面がひんぱんに登場する。

この『タカダワタル的』を紹介した「朝日新聞」の記事（二〇一三年七月十九日付）が、吉祥寺での高田渡の日常をレポートしている。

「いせや」店員の証言。

「高田を『ただの酔っぱらいオヤジ』と思っていた。朝、井の頭公園で練習した後、開店前に来てウーロンハイを一杯。午後ももちろん顔を出す。ツアーの前は『ちょっと行ってくる』。しばらくすると土産を手に『帰ってきたぞ』」

さほどに「いせや」に依存していた。また「飲み過ぎて公園近くの衣料店、大原商店の在庫置き場でひと眠りすることも」あった。それでも、高田は街の人々に愛されれた。**吉祥寺という街が高田渡を愛した**と言ってもいい。

『タカダワタル的』の番外編だったかで、高田渡の自宅（前出の「第二銀嶺荘」）が映っているのは非常に貴重である。壁際のソファが高田渡の定位置。その前にちゃぶ台が置かれている。「ちゃぶ台」という家具が、すでに懐かしい。その上に缶ビールや焼酎の瓶がところ狭しと置かれ、映画のスタッフにとり囲まれた高田渡はすこぶる上機嫌だ。これは翌日の撮影か、一匹のネコが部屋へ入ってきて、エサを食べているシーンが出てくる。知らぬ間に居着いたネコらしく、ほかにもう一匹いるという。「あの子たちのことを考えると、引っ越せない」と高田渡がぽつんと言う。ネコがいるから引っ越せない、というのはいい話だ。高田渡にはネコを歌った「ねこのねごと」という名曲がある（詞は木島始）。

先にも書いた通り、ライブはひんぱんに行われ、CMやテレビ出演も重なり、晩年の高田渡にはそれなりの収入があったと思われる。もう少しレベルの高い住環境に移り住むことも可能だったろうが、なぜかBSのアンテナも立てられない、古いアパートに住み続けた。もっと新しい、たとえばイマドキのマンションに引っ越すと、もう自分じゃなくなるような気がしたのかも知れない。前出『NHK知る楽 こだわり人物伝 2010年2—3月』で「高田渡」を担当したなぎら健壱は、高田渡が「ものすごい貧乏人」と思われていたことに疑問を呈している。そうとも言えないと、なぎらは見ていた。

「とてもこだわったもの着てたし、いいもの持ってたりもしたんです。カメラとか万年筆とかね、カバンとか。一度、雨の日にハンティングワールドの靴を履いているから、アタシャ驚いちゃった」

映画の最後に歌われるのが「私の青空」。「狭いながらも楽しいわが家」と高田渡が気持ち良さそうに歌っている。「恋しい家こそ私の青空」と歌っている。

第三章

吉田健一

上機嫌に生きる

＊吉田健一（よしだけんいち　一九一二〜七七）

英文学者・作家。東京府（現在の東京都）生まれ。ケンブリッジ大学キングズカレッジ中退。幼少の頃から、外交官の父・吉田茂（のち首相）の任地だったイギリス、フランス、中国などで育つ。D・H・ロレンスやポール・ヴァレリーなどの翻訳、文芸批評、小説など多方面で活躍。旅や酒にまつわるエッセイも多い。代表作に『文学の楽しみ』『ヨオロッパの世紀末』『時間』などがある。

誕生日が隣接、しかし出自は大違い

併《しか》し目先が変っていいということにも限度があって目先ということが意味を失う位凡《すべ》てが始終変っていればただ自分が自分でいる為にも何か手を打たなければならなくなり、それが酔狂であってもなくても背に腹は代えられない。そうなると始終変っていることが当り前のようなことになるのだろうか。その当り前ということにも意味の取りようがあって空気が含む窒素の量が殖えるのはそれがどこでもそうであるに至っても当り前ではなくて異常であり、それに馴《な》れるのは馴れたものが異常な状態に置かれるということなのである。

これは、吉田健一の小説『金沢』から、パッと開いたページの任意の数行を取り出した。くり返すが、小説である。こんな破格の文章、大学入試の試験問題に採用されることはないだろう。読んでいるうち、催眠術にかかったような気分になる。目の前で、人間の指がくるくる回って、それを見ずにいられないトンボの心境と言えばいいか。

しかし、私は吉田健一の文章が大好きだ。一冊丸ごと、通読した小説は、じつは『金沢』のほか、『東京の昔』『本当のような話』など少ないのだが、ときどき無性に読みたくなって、随筆のほんの二、三編、あるいは、小説のある一部分を読む。ときに声を出して読む。すると、**酒に酔ったようにいい気分**になるのだ。

吉田健一については、こんなことがあった。東京・雑司が谷の商店街での「みちくさ市」という古本フリマに参加したときのこと。前回、店を出して売る側だった女子大生が、ぼくが出している店に遊びに来てくれて、言葉を交わした。大学をこの春、無事卒業して、金沢での就職が決まったという。おめでとう、とともに「金沢、と言ったら吉田健一」みたいなことを私が言うと、パッと顔を上げて「卒論、吉田健一だったんです。私」と返してきたではないか。

おお、それはすごい！　いまどきの文学部で女子大生が卒論に吉田健一を取り上げるなんて、それだけで私は感激してしまった。その感激を伝えたら「でも、うまく書けなかったんです」と、声のトーンを落として彼女は言った。「そりゃあ、仕方ないよ。仏英の外国文学の教養が並外れているでしょう。それに文章だって難しいよ」とフォローしたが、実際、評価の定まった夏目漱石や太宰治を論じるようには、なかなかうまくいかないところに吉田健一の存在意義があるとも言えるのだ。

その日、帰宅後、こういうとき必ず手に取る『新潮日本文学アルバム』シリーズの『吉田健一』を見ると、年譜に、「明治四十五年・大正元年（一九一二）三月二十七日生まれ」とある。あれ、そうだっけ？……というのも私の誕生日が三月二十八日と一日違い。ただし、吉田の戸籍上の誕生日は四月一日ながら、三月二十七日生まれとして祝っていたという。そういう戸籍上と実際の誕生日が違うことは、昔よくあったようだ。

ただ、吉田健一と私が隣接するのは、たったこの一点。あとは出自も経歴も、もちろん文学上の業績もまるで違う。とくに出自、そして少年期を年譜で見るだけで、はあ、と溜息が出るほどすごい。これは本当にすごい。

時の宰相の長男が貧窮す

いや、本当にすごいのはもっと先。戦後、誰もが窮乏期にあるなか、吉田健一も一国民として貧窮した。「海軍一等水兵の復員服に軍靴といういでたちで大使館でも外人記者クラブでも平気で押しかける。文藝春秋の入口に坐って乞食商売をやる」(清水徹)というありさまだった。翻訳以外で吉田の二冊目となった著作のタイトルは『宰相御曹司貧窮す』(文藝春秋新社／一九五四年)だった。

一九五六(昭和三十一)年には『乞食王子』(新潮社)という随筆集を出している。いま講談社文芸文庫で読める同名タイトルの本に随筆『貧乏』が収録。そこで、こんなふうに書いている。

併し自分のぼろ姿を何度も鏡に写して見たことがあるが、破れた上着とか、底が抜けた靴というものは、そんなに不愉快な感じがするものではない。乞食王子を通り越して乞食王という風な壮烈な印象を受けて、上野から東北の方に移動する途中、どこかの乗り換えの駅で洗面所の鏡の前に立ち尽したことがある。

あるいは、これは一九四五(昭和二〇)年三月に空襲を受けて、五月、福島県にあった妻の実家に疎開した時のことかもしれない。しかし、戦後、事情は同じ……いやもっと悪化していた。

ここで注意したいのは、父親の吉田茂は、終戦後の一九四五年九月に東久邇宮内閣の外務大臣に、十月には幣原内閣の外務大臣に就任していた。十二月に貴族院議員に勅選され、翌一九四六年五月には、日本自由党総裁鳩山一郎の公職追放にともなう後任総裁への就任を受諾。内閣総理大臣にまで昇り詰めていることである（第一次吉田内閣）。吉田の政権は第五次、一九五四（昭和二十九）年まで続いた。

その内閣総理大臣の長男が、父から援助も受けず、ボロ靴を履いて貧乏していた、というのである。仲が悪かったわけじゃない。ただ、成人した以上、一線を引いて、父は父、子は子という生きかたを貫いたということらしいが、それにしても……。

日本における吉田の指南役となった河上徹太郎が、丸谷才一との対談で、こう証言している。

（吉田茂は養子という話があって）この養家の吉田家というのは、よく知らないけど横浜の地主で大金持だったのが、それをまた茂がみんな使っちゃったんですね。（中略）茂は健一に残すものは何もなかったんだ。で、健一は仕方がないから復員服で歩いていた（笑）。つまり、親は子を養おうとしないし、子は親の脛《すね》をかじるという気もないっていう、面白い親子なんですね。イギリス風に親子が対等に紳士づき合いをしている。

（「海」一九七七年十月号）

いま、政治家二世がはびこる政界で、あの顔、この顔を思い出してみても、弛緩《しかん》した平和ボケの顔と、度重なる失言や、金銭供与の不祥事などが目につくばかり。それは、親が子に依存し、子もまた親に依存して生きる現代日本の縮図である。吉田健一の戦後人生が『宰相御曹司貧窮す』から始まったことを忘れてはならない。

完璧なクイーンズ・イングリッシュ

以下、吉田健一のことを何も知らない人を前提として、年譜と『新潮日本文学アルバム 吉田健一』で清水徹が執筆した「評伝」を元に、その半生をたどることにする。吉田健一は父・吉田茂、母・雪子《ゆきこ》のもとに長男として生まれる。くり返すが、吉田茂とは、昭和の宰相《さいしょう》、葉巻、白足袋《たび》、「バカヤロー解散」の、あの吉田茂である。母の方もすごい。母・雪子は明治の元勲《げんくん》、牧野伸顕《のぶあき》の長女。雪子の祖父は大久保利通。いや、まばゆいばかりの血筋だ。健一は、当時外交官だった茂が、ローマ大使館の書記官、安東領事など外国を妻・雪子と転任する間、渋谷にあった祖父・牧野のもとで育てられる。その後、茂が中国山東省・済南《さいなん》市の領事に転じたのを機に、健一も家族で済南に住む。

そこからがめまぐるしい。一九一九（大正八）年はパリ、翌年はロンドン、天津と移り住み、英語を身に付けた。一時帰国して暁星《ぎょうせい》中学へ通うが、一九三〇（昭和五）年、十八の歳にケンブリッジ大学へ留学する。その英語力は、ドナルド・キーンをして「現在の若い英国人であれほど美しい英語を話せる人を知らない」と言わしめたほどだった。非常に正確なクイーンズ・イングリッシュを操ったという。

文士として生きることを決意し、ケンブリッジをたった六カ月で退学して、日本に帰って来たのが一九三一（昭和六）年。退学したことを、当時ローマにいた父・茂に報告したら叱られたという。当たり前だ。英語で読み書きし、流暢に話していた吉田健一の日本語は、帰国当時、少し変だったという。日本語の指南も、酒の指南も河上徹太郎が引き受けた。吉田はほとんど無一

文。飲み代は当然のごとく、河上の受け持ちとなる。酔っぱらって、なおも酒を要求する吉田に対し、大蔵省の河上はしばし渋った。それで「さあ、割勘だ、みんな」って言う。すると酔漢となった吉田が空っぽのがま口を開けて睨みながらこう言ったのだ。「アルもんはダスんだ、ハヤクシロイ」。

イギリスの作家、オルダス・ハクスリーの洒落である。

これだけで、いかに日本人の規格からはずれた、型破りな人物であったかがわかるだろう。いまで言うなら「帰国子女」で片付けられてしまうが、そんなコトバのない頃、**若くして西洋の文学を我がものとして咀嚼《そしやく》し、西洋の伝統を身に付けた国際人が、いきなり昭和初年の東京へ姿を現した**のだ。国籍は日本人ながら、ほとんど異邦人のような存在だったと想像される。

しかし、作家あるいは評論家、名随筆家としての本領が発揮されるのは、ずっと先。一九五五（昭和三〇）年五月『東西文学論』の発表から、と言っていいだろう。同じ年の八月、『随筆 酒に呑まれた頭』が出る。吉田健一はようやく、我々が知る吉田健一として、このとき姿を現し始めた。すでに四十三歳。吉田は（と、ここから「吉田」に切り替わるが）、一九七七（昭和五十二）年に六十五歳で亡くなっているから、作家としての働きは約二十年。それで『吉田健一著作集』（全三十巻、補巻二）にまとまる仕事を成し遂げた（昭和三〇年以前の翻訳の仕事も含む）。これが、バラだと均一台で五百円以下になることもあるが、揃いだと、いま古書価が五万円ぐらい。揃うと高い。

私はバラで十冊ぐらい持っているが、いつか揃えたいのがこの『吉田健一著作集』。版元の集英社は全集を作るのが下手な出版社というイメージがあったが、これは装幀ともによく出来ている。**ときどき、取り出しては、音楽を聞くように、吉田健一の堂々巡りのような文章に親しむ**のが、私の大切な時間である。

ランチョンという聖地

これは私の話。一年三百六十五日、夜は飲んでいて、それもかなりの量を家飲みしていて、我ながら呆《あき》れることがある。原稿を書く仕事は、翌朝、早く起きて午前中に済ませることが多く、昼から夕方にまたがることもあるが、夜はたいてい飲んでいる。酒が夜の時間を食いつぶしている。

ビール、ウイスキー、焼酎と何でもやるのだが、日本酒とワインはあんまり手を出さない。この、夜飲む酒さえなければ、もっとじっくりといい仕事ができるのだが、と深酒したときは思うことも多く、酔うことにある種の罪悪感さえあるのだ。

たいてい本を読みながら、ぐいぐい一人でグラスを空けていると、たとえばロバート・B・パーカーの人気シリーズ、「スペンサー」ものの、『プロフェッショナル』でこんな個所を読むと気分がよくなる。酒を愛する探偵のスペンサーはこう思うのだ。

ひとりで酒を飲みはじめたら悪い徴候だと言われる。私はつねづね、ときにひとり静かに坐って、少し酒を飲むのは価値あることだと思っていた。とりわけ、見つめる火があるときには。チャーチルはなんと言ったのだったか。『私は、アルコールが私から得るより多くのものをアルコールから得てきた』そんな感じだ。（加賀山卓朗訳）

これを読んだとき、イギリスの宰相の酒に関する名言は、まるで吉田健一が言いそうなことだな、と思ったのだった。

吉田健一は、一九六三（昭和三十八）年四月より中央大学文学部教授に就任。三十代の後半に、國學院大學、清泉女子大学などで非常勤講師を務めた経験はあったが、教授という肩書きで就職したのはこれが初めて。中央大学は、いまは文学部などが一部、八王子市の多摩キャンパスへ移転したが、かつては神田駿河台に校舎があった。

学生運動華やかなりし頃、神田カルチェラタンと呼ばれた一角を、中央大学も担っていたのである。大学から明大通りに出て、坂を下れば駿河台下交差点にぶつかり、九段方面へ靖国通りを少し歩くとレストラン「ランチョン」がある。

吉田と中央大で英文学科大学院の同僚だった朱牟田《しゅむた》夏雄は、大学でも顔を合わせ、ランチョンでまたよく顔を合わせたという。「中央大学に勤めたことの唯一の収穫はこの店を知ったことだ」と朱牟田に言ったらしい（「吉田君のこと」／「文藝」一九七七年十月号）。そう言われてしまうと、雇用した中央大学は少し困ってしまうだろうが……。

とにかく、吉田はこの店を気に入り、中央大を辞めてからも、毎週、曜日を決めて牛込の自宅からわざわざ通った。

「ランチョン」は、一九〇九（明治四十二）年創業という老舗のビアレストラン。神田古書店街を貫く靖国通り沿いに今もある。初代の店は今よりもう少し駿河台下寄りの一角にあったようだ。料理もうまいが、名物は生ビール。細かいクリーミー泡がなかなか消えない注ぎ方のできる名人が、歴代のビール番を務める。

毎週木曜日（のちに水曜日）、吉田は昼前から担当編集者たちとここで飲んだ。入ってすぐ右のテーブルが定位置だった。依頼された原稿を手渡し、その場で稿料をもらうというのが習わしで、編集者たちも吉田に会う時はその準備をしていた。「ランチョン」は吉田にとって、出先の応接室でもあった。常連は青土社の清水康雄、河出書房新社の寺田博、集英社の安引《あびき》宏と鈴木啓介、筑摩書房の風間完治など。当時、わりあい若手の人たちだ。

ここにさらに若年で、小沢書店の長谷川郁夫がのちに加わる。長谷川は小沢書店から、多くの吉田健一著作を世に送っている社主で編集者。その長谷川の回想。

「お気に入りの生ビールをジョッキで二、三杯お代わりすると、つぎには『そろそろリプトンにしましょう』といって、ウイスキー、ダブル分を紅茶で割ったなま温かい飲みものを注文する」という。紅茶に数滴、ウイスキーを垂らすというのは聞いたことがあるが、ダブルを紅茶で割るというのは寡聞《かぶん》にして知らない飲み方だ。「紅茶だと思ってご相伴《しょうばん》にあずかり、口に入れて変な顔をした人もいた」

うまいビールとくつろいだ語らい。誰もが振り向く、あの高らかな笑い声が「ランチョン」の店内に響き渡った。祝宴ともいうべき数時間が「ランチョン」で繰り広げられた。一度、近所で火事騒ぎがあり、火の手が近づいたとき、店主が避難をうながしたが、吉田は動じず、腰をおちつけて飲み続けたというエピソードもある。

長谷川によれば、このあと吉田は、フラフラと起ちあがって銀座へ。「ソフィア」

というバーで師匠の河上徹太郎と会う。そこに待ち構えているのが新潮社、中央公論社、文藝春秋などの老舗出版社の編集者たちだった。つまり、つき合いを酒場で分けていた。だからといって、昼間の「ランチョン」が軽々しいつき合いというのではなく、それはそれで楽しかったのだろう。

いつまでも飲んでいたい

それにしても、吉田はよく飲む。そして「酒」について、飽かずに文章を書き続けた。「酒」の文章と「酒」の描写だけ集めて、吉田健一の「酒読本」という本が一冊編めるはずだ（「食」と「酒」では、光文社文庫から『酒肴酒』、中公文庫から酒に特化した『酒談義』というアンソロジーが出ている）。また、その「酒」についての文章がじつにいいのだ。

たとえば、これは小説の範疇に入るのか、『酒宴』という文章。

本当を言うと、酒飲みというのはいつまでも酒が飲んでいたいものなので、終電の時間だから止めるとか、原稿を書かなければならないから止めるというのは決して本心ではない。理想は、朝から飲み始めて翌朝まで飲み続けることなのだ、というのが常識で、自分の生活の営みを含めた世界の動きはその間どうなるかと心配するのがあるならば、世界の動きだの生活の営みはその間止っていればいいのである。

これを読めば、うならざるをえない。達人による極意を聞くような気持ちになる文章だ。事実、飲むために外出した日には、徹底して飲み続けた。

写真家・田沼武能《たけよし》が、『吉田健一著作集』第八巻の月報に一文を寄せている。「バッカスの使徒」と題されたグラビアページにおいて、吉田の一日に密着して撮影したときの回想だ。銀座「エスポワール」に始まり、銀座裏の「はち巻岡田」で日本酒、最後にたどりついたそば屋の「よし田」でも日本酒と、途切れなく飲み続ける。月報に掲載された田沼の写真のなかに、これは「よし田」であろうか、左手で店の電話をつかいながら、右手で差し出した猪口《ちょこ》に、店の者が銚子で酒を注いでいる場面がある。つまり、電話をしている間も酒を手放すことはなかった。

田沼は、旅行へ出かける吉田も、東京駅で待ち受けて撮影している。このときも、駅に現れた吉田は、列車が入ってくると、自分の席につかず、いきなり食堂車へ行き、ビールを注文したという。まだ、列車は動いていないというのに……。

飲む量もしたがって、半端ではなかった。これはぜひとも紹介したい辻井喬《たかし》の回想『叙情と闘争』(中央公論新社)にある、吉田に関する章。吉田茂の死後、大磯の別荘を処分することになったが、吉田家が困っていた。そのとき、これを肩代わりして仲介を引き受けたのが、セゾングループ創業者の辻井喬こと堤清二。

「大磯の吉田邸が資金化され、遺産相続問題が円満に処理されて一番喜んだのは、長男で英文学者の吉田健一であった」それまで辻井と吉田は面識がなく、これを機会に会うことになった。吉田は相続した遺産を「あれだけあれば三年間は飲める」と、ロンドンに旅立った。かなりの高額であったと推察される。吉田茂の死去は一九六七(昭和四十二)年十月二十日。このとき吉田健一は五十五歳で、『文学の楽しみ』を出版しているが、まだ一般の印象は、翻訳家、英文学者で、それほど多忙ではない。したがって、懐もまだ寂しかったろう。

三年は飲めると分配金を持って渡英するも、二年と少しで帰ってきてしまった。「少しピッチがあがりすぎたが、遺産は全部飲んできた。お蔭でさっぱりした」と言った。

それから、吉田を辻井に紹介した遠山直道と定期的に飲み会が開かれるようになった。遠山直道はダヴィッド社社長、日興證券副社長を務めた実業家。吉田はそこでワインを三、四本も平気で空けたという。すさまじい飲みっぷりだ。

吉田の文業が、快進撃となって世に受け入れられるのは、おそらく一九七〇（昭和四十五）年十月刊の『ヨオロッパの世紀末』から。これが野間文芸賞を受賞し、目立って仕事の量が多くなる。その間も外出すれば酒は飲み続けた。

「確かに汗だくになって夏の町中を歩いている人間がビヤホオルに入ってジョッキを二、三杯も空ければ、そこに別天地が開けて、厳密に言ってそれがビヤホオルに入る前と同じ人間かどうか解らなくなる」（「酒は旅の代用にならないという話」）

「溝を作れば、水は自然に流れてくる。酒も同じことで、大いに酔いましょうなどと待ちかまえていなくても、酒を飲めばいずれは酔うのだから、安心して酔いがまわるのにまかせておけばいいのである」（「飲む話」）

「飲む話」という文章には「犬が寒風を除けて日向ぼっこをしているのを見ると、酒を飲んでいるときの境地というものについて考えさせられる」ともある。

そう言われてしまったら、これはもう、飲むしかないでしょう。

時をたたせる為に「現在」がある

吉田健一の文学における三つのテーマを「酒」「友人」「時間」とすれば、「時間」こそ、吉田らしいテーマと言えるかもしれない。「時間」について、これほど何度もくり返し考え、書いた作家もいなかった。明治大正の異色ジャーナリスト、大庭柯公《おおばかこう》の随筆『江戸団扇』所収の「楽天家」に次の一節がある。

> 手首に時計まではめて忙しい世の中である。(中略)私どもはあくまで静思黙然無為、しからざれば放談清談悠遊、もって十二分に楽天気分に耽《ふけ》りたい。

これは大正期の話かと思われるが（大正七年に「東京朝日新聞」に連載）、腕時計をはめる習慣がこの頃広まっていたようで、大庭はそれを苦々しく思っている。いちいち時間をたしかめて、忙しく立ち働く世の中になっていた。これは、ちょうど現在、路上や電車内で、憑《つ》かれたようにスマホをいじって手放さない人種を、私が横目で冷ややかに見るようなものか。

しかし、大正期にすでに「忙しい」人々はいた。いや江戸時代や室町時代にだっていただろう。ただ、時計のない時代、「時間」の観念というものが、現代の我々とはまるで違ったはずだ。ある意味、時計が普及してから、正確な時間を共有するようになり、時の進行の遅さをじれったく思ったり、あまりに早く過ぎ行くことに焦ったりする。

私だってスマホを二年前から所持しているが、ほとんど触らない。気がついたら二、三日放置して、充電が切れていることもある。しかし、スマホ依存人種にとって、腕時計は必要ないらしく、そのうち習慣として廃《すた》れていくかもしれない。時間は分単位どころか、秒単位で管理されるようになり、待ち合わせも移動も、超加速社会となるのも必定だろう。

さあ、そこで吉田健一の「時間」論だ。吉田の著作には、『時をたたせる為に』『昔話』『思ひ出すままに』『変化』『旅の時間』など、「時間」と変化を感じさせるタイトルが多い。そのものである『時間』という本もあった。

これは何だろう。どういうことだろう。

少し長くなるが、大庭の文章ともつながるので、『時をたたせる為に』より、「時間」という文章の冒頭を引いてみよう。引用は新字新仮名による。

今日ないもの、或《あるい》はないように考えられているものの一つに時間がある。それが余りにないものであると一般に考えられている為に本当にもし時間というものがなければどうなるかということは殆《ほとん》ど注意を惹《ひ》かない。たとえば誰もが恐しく忙しい思いをしていることになっていてこの忙しいというのは時間がないことである。或はそれを意味するものと受け取ることに疑いを持つものは少くて時間がなくなってもまだ人間が忙しくしていられるかどうか考えようともしないらしい。この時間も自然の一部をなしていて太陽があってその廻りを地球が一定の周期に従って廻っていることから時間が生じ、或は逆にこの動きを許しているのも時間である。そして我々が忙しくしているると時間がたつのを忘れる。

ふだんは、「時間」がどういうものか、ということを考えない。考える余裕がない、とも言える。「時間」について考える「時間」がない。そうして生きていて、別に支障はないので、立ち止まって「時間」について考えないことへの罪悪感もないはずだ。

吉田の文章は違う。「時間」というものの存在意味を徹底的に考え抜く。そして文章に書く。だから読み飛ばしたり、端折《はしょ》ったりすることは許されない。少しでも気を抜くと、ことばはたちまち意味を失って四散し、読み手を置いてけぼりにするのである。世に「速読術」というものが流行り、各種講座が開かれ、関連本も多数出版されているようだが、およそ吉田健一の文章ぐらい、速読に適さないものはないだろう。たとえば、先に引用した文章のキーワードを摘み取って、ざっと意味を捉えたところで、それが何になろう。いや、それ以前に、吉田の文章は速読で読むようにできていない。**意味の堂々巡りのように見えて、くねくねと論理の散歩道をさまよいながら、いつか広く明るい野に出るのである。**それが吉田健一を「読む」ということで、吉田健一の「時間」であった。

「現在」の連続で「時間」がある

あれ？　ちょっと吉田健一の文章がのり移ったか。あぶないあぶない。

「時間」という文章について、もう少し先を読む。

我々が山に登るのは時間をなくす為でもなければ他のものがそれをしているからでもなくて時間とともにあることを目指してであり、西田幾多郎《きたろう》は登山家がその技術の限りを尽して一心に岩壁を攀《よ》じ登って行く状態で現在というものを説明している。もう一つの例に挙げられているのが音楽家が楽器に向っている時である。その一心不乱というのは時間がたつのも忘れてということではなくそういう場合のように時間が正確に意識されることはない。言わば人間はその状態にあって地球の動きとともにある。(原文ママ)

ゆっくり読みさえすれば、これは意味の取り違えようのない、非常にわかりやすい文章だ。

吉田にとって「時間」の観念が特異だったのは「現在」しかなかった、ということだ。これは『時間』という著作から。

我々にとって過去は存在するかしないかの何れかであって我々が過去にいない時に我々に過去はない。それは現在に、或は現にたって行く時間に我我(原文ママ)がいないならば我々に現在はないのと同じことで厳密には過去というものも現在というものもなくてただ時間がたって行くだけである。

時間とは、いま生きている現在の連続で、少し前の時間にはすでに自分という実在はいないのだから、つまり時間というものが存在するのは現在だけ、という意味だろうか。しかし、これは要約にもなっていないかもしれない。やっぱり、吉田が書く通り、そのままのことなのだ。『時間』刊行時の、雑誌「波」でのインタビューで、吉田はこう話す。

「書きながらわかったことは、時間には現在しかないということです。時間が刻々と流れていくことの意識、それが現在の意識でしょう」

つまり、吉田は書く前から「時間」についての結論を得ていたわけではない。書くことにより考え、書くことにより、ふだん考えていること、あるいは意識下に眠っていることを引っ張り出してきた、ということになる。それが、吉田の文章を書くときのスタイルだった。

いつから時間というものがあるようになったかは解らない。併しそれがあって以来その流れは今に至るまで続いていてそれを今で区切るならばこの流れはそこでしか区切れない。我々はエジプトの詩で太陽の光線を浴びる。

吉田の長女・暁子の回想『父 吉田健一』（河出書房新社）によると、家での吉田は、一日の大半を書斎で過ごし、それ以外の生活も「すべて時間が正確に守られていた」という。時間を正確に守ることが、生きかたそのもので、「無駄がなくて、確かで、自然である」態度は、ちょうど「まっすぐな線」のようだった。つまり「時間」のようだったとも言えるだろう。

ハーディーと天どん

とまあ、華麗に「時間」について語られるのだが、けっきょく、吉田の理論で言えば、お酒を飲む「時間」も、現在の連続を実感できるがゆえに、有意義だと考えることもできる。それであんなにたくさんお酒を飲んだのか。ただし暁子によれば、家ではほとんど酒を口にしなかった。週に一度、外で「破目をはずして飲むのもその日、その時期を正確に決めていた」という。家では酒を飲まないというのは意外だった。あるいは食べること。これも現在を実感するために、あんなに一生懸命食べたのかもしれない。だから、吉田の「食」随筆は、現在肯定の証しとしてよく読まれ、愛された。

「食べる楽しみ」と題された一文。

トーマス・ハーディーの小説に、とすこしもったい振って切り出すならば、その小説に、女の所に急に恋人がやって来たのを女が責めて、楽しみの半分は期待にあるという所がある。食べるのも同じことで、天どんが好きなものは、明日は日曜だから天勝に天どんを食べに行きましょうと思い、前の日から御飯の上に置かれた天麩羅のころもの揚り具合や、御飯に染みた汁の色を胸に描いて、いよいよ日曜になって電車に乗って出かけて行き、まず見本の蠟細工か何かの天どんを眺めて、またすこし実際に食べるのを延ばしてから、店に入って天どんを注文して食べた方が、隣の天麩羅が間違って届けて来たのを、せっかくだからというので食べるのより楽しみが多い。

このユーモアはどうだろう。食い意地を、こんなにレトリカルに描いて、しかも上品に笑わせる。トーマス・ハーディーと天どんの組み合わせは、吉田健一ならでは、という気がする。それほど、食べることを大事にした。ああ、天どんが食べたい。

あるときから、人生を楽しむということに徹して、そのために生き、原稿も書き、お酒も飲んだ。吉田の「時間」論は、いまを上機嫌に生きるために考え出された理屈

かもしれない。それゆえにこそ、吉田の文章はすばらしいのだ。

吉田の考えを推し進めれば、我々の「過去」は過ぎたことですべて消えて、過去に何があっても、そのことで思い悩んだり、悔いたりする必要はない、ということになる。よって、吉田にとっての、この「時間」を『吉田健一論』の篠田一士《はじめ》は「雄々しい生命讃歌の断定」だと言った。まさしく、そうだろうと思う。

そして、**吉田が一日の時間のうち、夕暮れ時をいちばん愛したのも、夕陽が照り映える空の色彩的美しさということとは別に、刻一刻と「現在」が姿を変えて、はっきり移っていくことが、あの時間帯だけ、はっきりわかったから**に違いない。

つきあっていたのは年寄りばかり

吉田健一に『交遊録』という著作がある。新潮社から一九七四（昭和四十九）年にやや小ぶりの単行本で出され、よく売れたらしく、いまでも古本屋の棚でよく見る。現在は、講談社文芸文庫で入手可能。ここに収まる「友人」は、牧野伸顕、河上徹太郎、中村光夫、横光利一、福原麟太郎《りんたろう》、石川淳、ドナルド・キーン、吉田茂など。異色は祖父の牧野伸顕、父の吉田茂の名前が挙げられていることで、ここに吉田の考える「交遊」の意味が見出せるかもしれない。とにかく「友達がいるということの喜びを覚えさせてくれた友達」が彼らだった。

しかし、吉田健一の「友達の作り方」史は、いささか異様であった。再度、年譜のおさらいとなるが、一九一二（明治四十五）年生まれの彼は、当時外交官だった父・吉田茂の任地に従い、幼くしてフランス、イギリス、中国へ渡り、十四歳でいったん帰国。暁星中学へ通うが、卒業後に渡英、ケンブリッジ大学へ入学する。しかし、翌年には退学し、日本に戻っている。このとき十八歳。

つまり、普通の十代の日本人がするように、小中高と、クラスや部活を通じて、特定の友達を作るヒマがなかった。十八で日本に帰ってきたが、おそらく親しく往き来するような同年輩の友達はいなかったのではないかと思われる。

その頃のことを振り返って「こっちはどっちを向いても自分より四、五年は年上の人達ばかりという世界にいて」と『時をたたせる為に』のなかで書いている。五十を過ぎてしまえば、「四、五年上」でも、さほど違和感なく喋れるが、なにしろ吉田はまだ十代である。成熟度も経験も違う年上を相手にするには骨が折れただろうと思う。

河上徹太郎との出会い

帰国子女であり、日本語より英語が達者で、上流の作法が身についた吉田にとって、同年輩の友達を作るのは至難の業だった。そこへ現れたのが、新進の評論家・河上徹太郎だ。運命的な出会いと言っていい。

二人が初めて顔を合わせたのは、吉田の従兄弟だった伊集院清三の家。伊集院家は男爵の家柄。吉田の記憶では昭和六（一九三一）年夏のこと。病気がちで臥せっていた伊集院のもとを、吉田が見舞いに訪ねると河上徹太郎がいた。吉田はまだ十九歳。河上はちょうど十歳上の二十九歳だった。河上はこのとき和服姿だったと吉田は言う。こういうことを、人間はよく覚えているものだ。「若くて教養がある日本人が口を利くのを聞いた最初」と『交遊録』に書いている。伊集院と河上は、昭和二（一九二七）年に諸井三郎を中心として結成したクラシック音楽研究サークル「スルヤ」の仲間で、往き来があった。

伊集院は、これからの吉田のことを案じ、教育係として河上を指名した。ここから吉田の文壇デビューのレールが敷かれていく。

伊集院宅を辞し、河上と吉田が一緒に門を出る。そのとき、青山の砂利道を歩きながら、吉田が「きれいな月だな」と言うと、河上はすかさず「感傷的になりやがって」と軽くジャブを入れた。

おそらく吉田としては、初対面の青年を前に、何を話せばいいのかよくわからなかったのだろう。そこで、洒落ではないが、「月並み」な会話を投げかけた。しかし、前年に「アンドレ・ジッドと純粋小説」、「セザール・フランクの一問題」などの評論を発表する新進の評論家に「月並み」は通じず、あっさり投げ返されたのである。

酒の始まりは友情の始まり

この出会いを頼みの綱に、吉田は河上宅を訪れるようになる。じつは、このとき吉田の頭のなかに、小林秀雄と河上徹太郎という二人の師となるべき存在があった。小林は若き日に中原中也、長谷川泰子と派手な恋愛劇を繰り広げ、「様々なる意匠」で、雑誌「改造」懸賞論文第二席に入選するなど、すでに華々しい存在だった。それに比べれば、たいていの同業者はまだ地味で、河上もその一人。

しかし、吉田は河上が昭和五（一九三〇）年に発表した『羽左衛門の死と変貌について の対話』を読んで、この人に賭けた。それはこんな文章で書かれていた。

然《しか》し大切なことは……行為することでは決してないのだ。純粋に見ること、そしてその視神経の運動を他の筋肉に移すこと、それは単一の消極的行為であって、決して糧にも運動にもならない。

不世出の歌舞伎役者、十五代市村羽左衛門《うざえもん》を論じつつ、そこに「哲学論文何冊分かの問題を、とてつもなく優雅なスタイルで論じている」(勝又浩）文章に、吉田は小林にはないものを見た。

迷子にならぬため、母親の着物の袖にすがりつく子どものように、河上のお尻にくっついて、吉田は世間と文壇という未知の世界へ足を踏み入れる。「最初に直接教わったのは酒だった」と言うように、連れて行かれるのはもっぱら酒場。酒の修業が、すなわち文学の修業と思われた時代だった。だから、文士は毎夜、よく飲んだ。河上も最初は下戸《げこ》だった。「吉野屋」(いまの牛丼チェーンではない)、「よし田」、「はせ川」、「エスポワール」などが、吉田の文章で比較的よく名前の挙がる酒場および飲食店だ。

戦後の神保町「ランチョン」での酒盛りは、吉田健一が大将。しかし、戦前、銀座を中心とした文士酒場戦線で、吉田は一兵卒に過ぎない。しかも勘定は、すべて河上および、当時、飛ぶ鳥を落とす人気作家の横光利一などに頼っていた。

「健坊」という呼称は蔑称？

「はせ川」は、銀座三十間堀にかかる出雲橋の際にあった。昭和の「七、八年頃から小林秀雄や河上徹太郎ら『文学界』のグループの溜り場となったことから、牧野信一、横光利一、石川淳などが顔をだし、昭和文学史にも名高い店」（長谷川郁夫）だった。ここに井伏鱒二、青山二郎、中村光夫、永井龍男、白洲正子などの名前が加わる。つまり文壇の中心で、飲み飲まれ、からみからまれての闘いが待っていた。

中原中也ともこの「はせ川」で一度だけ会っている。河上徹太郎との対談「時代を生きる」のなかで明かされるところによると、中也は酒の席で「悪評さくさく」で、少し前の晩に、ビール瓶で誰かの頭を殴ったという噂が流れていた（中村光夫だ！）。「ひでえ奴だ」と悪口を言っているところに、当の中也が現れた。しかも吉田の目の前に座った。「こわかったろう？」と河上。「こわかった。だってね、足もとに空ビンがゴロゴロ並んでいるの（笑）」と吉田。

そういう修羅場で、吉田健一は回りから「健坊」と呼ばれていた。これは白洲によれば「どこか可愛げのある風貌の持ち主であったからだが、愛称にともないがちな軽蔑の念もいく分ふくまれていた」（『変な友達』）と言う。小林秀雄に「お寺の破れ障子」と称された「とてつもない笑い声」。「手足も長すぎるのか、動かす時はぎこちなく、ふつうの日本人とは逆に膝のところがX型になっているため、こんがらかるように見える」歩き方。志賀直哉邸に招かれて、すき焼きをごちそうになったとき、生卵が割れなくて、志賀が代わって割ってやったという伝説（以上、白州の『変な友達』より）。「当時、彼のほんとうの理解者が、幾人いただろうか、あやしいものである」と、「文學界」の発行元となった文圃堂《ぶんぽどう》主人の野々上慶一による観察は、この時代における吉田の微妙な立ち位置を示している。

「隅田川の反対側にいても聞こえてくるような大声で笑う」（巖谷大四）、その笑い声の手前で、人知れず、鬱屈していた吉田健一の姿が見える。男はつらいよ。

河上徹太郎も当時、ある人からこんな忠告を受けている。「おい河上、お前の周りにはへんちくな青年がたくさん集るようだけど、その中でも一番出来が悪いのは吉田健一だぞ。ありゃクビにしろ」。ある人とは、小林秀雄だろうか。河上もやはりつらかった。

ドナルド・キーンとは英語で会話

吉田健一がようやく自分らしく、くつろいで友人関係を結べるようになったのは、戦後にできた「鉢の木会」あたりからか。〝戦後派〟に属する作家・評論家による集いで、メンバーは中村光夫・大岡昇平・福田恆存《つねあり》・吉田健一・三島由紀夫・吉川逸治《いつじ》、神西《じんざい》清。昭和二十四（一九四九）年に結成された。この年、國學院大學講師となり、前年あたりから、各誌にようやく翻訳や書評、随筆などの注文を受けるようになる。翌二十五年になると、同人誌以外からの原稿の注文が一挙に増える。「健坊」と呼ばれるより、「吉田さん」と呼ばれる機会が、だんだん多くなってきたと思われる。ドナルド・キーンと出会ったのもこの頃のこと。吉田はキーンの『日本の文学』を翻訳している。

「キーンさんと一緒だと酒が旨くなる。キーンさんはしっかりした日本語の文章を書くが（ということは、それが国文学者よりもまだしも日本語になっているものを書く大概の日本の小説家よりも増しなものだということでもある）、それは英語では全く一流の文体を身に付けているからで、従ってキーンさんにとっては文士面をする必要がない」（「ドナルド・キーン氏のこと」）と吉田は書いている。吉田はキーンと喋る時は、思う存分、英語が使えた。日本において、英語同士で普通に会話できる、貴重な存在だった。

ドナルド・キーンによる「吉田健一の思い出」という文章。

「戦前の日本や戦前の英国をなつかしく思っていた吉田さんにとっては、そういう過去を覚えていて現代残っているおもかげを味わえる友人でなければ何かが欠けていただろう」。キーンは一九二二年生まれだから、吉田より十歳年下。年下で話の合う友人が、戦後になってようやくできた。キーンはなおこうも言う。

「吉田さんほど友達を大切にする人は少ないと思う。日本人であっても外国人であっても吉田さんの友達になったら交友は一生続く筈だった。吉田さんはよく友達のことを書いたが、美点しか興味がなかったようである」

「欠点」を許して、「美点しか興味」を持たぬこと。これぞ長続きする友情の秘訣であろう。吉田健一は『交遊録』の中で、「友達」とは「生きて行く上で勇気を与えてくれるもの」だと定義した。**「勇気を与えてくれる」ような友達を作るために生きた一生**だと言えるかも知れない。

友人たちと機嫌よくつきあうための方策の一つが、「美点しか興味がなかった」とキーンに指摘される態度だった。友達と仲良くすることなど簡単だ。相手の「美点」

だけを見るようにすればいい。すべてが完璧な人間など、自分を含めてありえるはずがない。誰しも「欠点」や「弱点」はある。しかも、それさえ吉田には「美点」だと見えていたようだ。

いいところだけ見れば、友達とはいいものだ。吉田の交友術が、そう教えている。

第四章

木山捷平

若作りより老作り

＊**木山捷平**（きやましょうへい　一九〇四〜六八）

作家・詩人。岡山県生まれ。東洋大学文化学科中退。一九二九年、詩集『野』を自費出版。三三年、太宰治らと同人誌「海豹」を創刊し、小説を次々に発表する。満州に滞在中、現地召集される。戦後、一年間の難民生活を経て、帰国。庶民の立場にたったユーモアあふれる私小説は、没後五〇年以上経つ現在もファンが多く、古書には高値がつく。代表作に『抑制の日』『耳学問』『大陸の細道』『長春五馬路』などがある。

評価は死後のこと

本書が書かれるにあたって、裏テーマとして考えられていたのが「脱力文学の系譜」であった。刻苦勉励ということばが似合わず、どことなくふらふら生きている（ように見える）文人たちの生きかたについて考察するのが狙いだ。「脱力」で、最初に浮かんだのが、じつは木山捷平であった。これほど「脱力」ということばが似合う作家も、ほかにあんまりいないと思われる。『おじいさんの綴方』『下駄の腰掛』『軽石』『角帯《かくおび》兵児帯《へこおび》』『臍《へそ》に吹く風』とタイトルを引き写すだけで、なんだか肩の力が抜けていく。……でしょう？　みなさん。

私がこれまで書いた文章のなかで、珍しく評判のいいのが、木山捷平『軽石』を取り上げた一文。木箱を集めて、庭で焚き火にし、燃え残った釘をくず屋に売ったところ、代金は五円。その五円を持って、町に買い物にでかけるのが『軽石』という短編だ。まことにバカバカしい。そのバカバカしい話につきあって、木山捷平が歩いた吉祥寺から西荻に至るルートを、実地に歩いてレポートしたのが私の文章だった。これは川本三郎さんからも直接ほめられた。ちょっとした自慢である。

さて、今でこそ、好きな作家としてけっこう名前の挙がる木山捷平だが、ちゃんと評価されたのは、死後（昭和四十三年没）のことではないか。

私がその名を知ったのも遅かった。一九七七（昭和五十二）年から七八年にかけて、旺文社文庫から四冊、木山の作品集が文庫化された。たぶん、木山捷平が文庫化されたのはこれが初めてではなかったか。私などは、このとき木山捷平を知った。そういう人は他にも大勢いただろうと思う。もちろん、昭和四〇年代の文学全集（集英社）に上林暁などと抱き合わせで、ようやく収録はされていた。ただ、単独で一巻、というような大きな作家ではなかった。

もちろん、昭和四十四（一九六九）年に新潮社から二巻本の全集、昭和四十六（一九七一）年には永田書房から一巻で『木山捷平ユーモア全集』が出ている。知らない方がおかしい、と言われればその通り。しかし、その頃私は中学生で、教科書にもあまり採択されず、文学史でも触れられない作家の名を、知りようもなかった。これはやはり、旺文社文庫の功績、と言っていいだろう。

今も高額な木山捷平全集

旺文社文庫による木山捷平再評価があった、同じ昭和五十三（一九七八）年から翌年にかけて、講談社から全八巻の全集が出る。木山の死から十年が過ぎていた。昭和五十三年は未曽有の出版不況を迎えた年でもあった。書籍の返品率が四五・八％と過去最悪となり、七月には筑摩書房が一度倒産した（その後復活）。いま「活字離れ」などと出版不況について深刻な意見が出るが、昭和五〇年代に、すでに深刻化していた。この年よく売れたのが、アメリカの経済学者、ジョン・K・ガルブレイスが書いた『不確実性の時代』（ＴＢＳブリタニカ）で、ほかには仏教、ヨガ、神話関連の本がよく売れた。「窓際族」という言葉が現れたのもこの年だった。そんな混迷と不安の時代に、木山捷平全集が出たということが私などには興味深い。何かしら日本人がみな、文壇の「窓際族」だった木山捷平的なものを求めていたのではないか。

現在にいたって、これが最終的な木山捷平の全集で、その後人気が高まったこともあり、古書価は依然高い。漱石、鷗外に始まり、荷風や谷崎だろうが志賀だろうが、とにかく軒並み個人全集の価値が暴落するなか、例外的に値崩れしないのが、この全八巻の『木山捷平全集』だ。ちょっと「日本の古本屋」のサイトで検索したら、安くて四万円台。高い方は八万円以上つけている店もある。今、個人全集を買うのに、八万円出せば、旧版なら、先に挙げた漱石、鷗外、荷風、谷崎、志賀などの個人全集をそれぞれ併せて全部揃えることができる（二〇二三年八月調べ）。

それから、講談社文芸文庫による木山捷平偏重ともいうべき刊行ラッシュによる影響も大だ。平成二（一九九〇）年に『大陸の細道』がまず入り、『氏神さま・春雨・耳学問』『白兎・苦いお茶・無門庵』『井伏鱒二・弥次郎兵衛・ななかまど』『木山捷平全詩集』と続々と文庫になり、今では品切も含め、十冊以上になる。二万円も出せば、講談社文芸文庫における木山捷平の全作品を入手できるはず。全集は手が出なくても、まずはここから、ということでいい。我々、昭和三〇年代生まれが、まず旺文社文庫で知ったように、今は、講談社文芸文庫で木山捷平を読み始めたという人が多いかと思う。日本の文庫はすごいなあ。

平成四年に、文庫サイズによる「ちくま日本文学全集」全六十巻に、一巻立てで木山捷平が入った（というより、この全集はすべて一人一巻が特徴）。これも平成の木山捷平評価を後押ししたと私は考える。くり返すが、戦後に各出版社がせっせと量産した日本文学全集の類で、木山捷平が一巻立てされることはついになかった。ちくま日本文学全集で、この、たった一行「木山捷平」と刷られた背を見た時の感動を、私は忘れられない。帯の惹句《じゃっく》が「相も変わらずぶらぶらと……」というのもいいし、解説が東海林さだお、というのも意外や適任で、これまたよかった。

木山捷平初体験、という人に、私がまずおすすめするとすれば、この「ちくま日本文学全集」の一巻である。詩と俳句のほか、『軽石』『下駄の腰掛』などの代表的短編に、長編『長春五馬路《ウーマロ》』も収録されている。あれ、今検索したら品切ですか。アマゾンの中古本サイトでは安く買えるみたいなので、そちらをどうぞ。

親の反対を押し切り上京

お待たせしました。ようやく木山捷平の中身について書き始める。やっぱり「上京」の話からするか。私は『上京する文學』（新日本出版社）を上梓し、その後続編を季刊文芸誌「en-taxi」（扶桑社）で連載し、『ここが私の東京』というタイトルで単行本化された。二〇二三年には『憧れの住む東京へ』（本の雑誌社）も上梓。「上京物語」三部作を世に問うた。地方出身の作家となると、まず「上京」のことを考える癖がついている。申しわけないが、そこから始めさせていただく。

講談社文芸文庫巻末の年譜によれば、木山捷平は明治三十七（一九〇四）年、岡山県小田郡新山村字山口七四二番地（現・笠岡市山口七四二）に生まれた。誕生日は三月二十六日と、私と二日違い（私は二十八日、お忘れなく）。あとでまとめて触れるが、病弱な子どもだったようだ。岡山県立矢掛《やかげ》中学校に入学し、十六の頃から詩、短歌、俳句などを作り、雑誌に投稿を始める。十七歳になってから、友人たちとガリ版刷りの同人誌を出す。笠岡の中学生に、文学の悪い虫がついた。

大正十一（一九二二）年、捷平十八歳。中学を卒業し、早稲田大学文科を受験することを願うが、父の反対に遭《あ》う。「子に文才なし」と言うのだ。父・静太は、村役場に勤める傍ら、尾川の号で漢詩を作るような人だった。文学には理解があったはずだが、かえって文学は趣味に留めるべきで、本職として食って行けるようなものではないと考えていたかもしれない。これで木山捷平の第一次「上京」願望は挫折する。

翌大正十二年四月からは、兵庫県・出石《いずし》の小学校で教壇に二年立ち、詩作に励む。木山先生、小学生相手にどんな授業をしたのだろう。しかし、決して「上京」熱が冷めたわけではなかった。大正六（一九一七）年には、同じ山陽（現・福山市）から、井伏鱒二が早稲田大学予科に入学するため上京している。のちに東京の中央線沿線で、井伏と木山は「阿佐ヶ谷会」という集まりなどで、親しく往き来するようになる。上京しなかったら、郷里が近く、同じ文学愛好家とはいえ、二人が相見《あいまみ》えることはなかったかも知れない。やっぱり東京ですよ。

そして大正十四年四月、いよいよ上京を果たして、東洋大学文化学科に入学。下宿は北豊島郡高田町雑司ヶ谷（現・豊島区雑司が谷）。ここが木山捷平の東京生活の第一歩だった。昭和四（一九二九）年に出た第一詩集『野』に収録された詩編の最初は、上京したこの大正十四年の作から始まる。たとえば「飯を食ふ音」。

人間が飯を食ふ音を
公衆食堂でゐると
丁度猫が水をなめてゐるやうな。
ああ夕ぐれどきのさみしさよ、
人間が十五銭の皿をなめてゐる。

昭和戦後の山之口貘に通じるような、底辺の日常を鋭く観察した上での人懐っこいユーモアとペーソス。すでに木山捷平タッチが確立されている。

講談社文芸文庫『木山捷平全詩集』の解説を担当した岩阪恵子（『木山さん、捷平さん』の著書を持つ）は、詩集が大正十四年以降の作品がほとんどであることについて「十三年以前作品が少ないわけではない。むしろ大量の詩が習作としてノートに綴られているが、十四年の上京を境に詩が独自の表現を持ち始めているのだ」と見る。これぞ「上京する文學」だ（自著の宣伝が多くてすいません）。

大正十二（一九二三）年九月一日、関東大震災で首都・東京は壊滅的被害を受け、復興の大号令がかけられた。木山は一種の「戦後」東京に降り立ったことになる。大正十四年の年譜を見ると、「キング」創刊、東京放送局がラジオの試験放送開始、東京電力株式会社設立、日本交響楽協会結成、普通選挙法公布、新橋演舞場完成、東京六大学野球のリーグ戦が開始、山手線の環状運転開始と、「始まり」を告げる事項が目白押しだ。

上京ルーキーの二十一歳木山捷平が、そんな「始まり」で満ちた帝都にいて、影響を受けないはずがない。しかも大正は十五年まで。新しい御代は目前。

しかし、木山捷平はすんなりと、このまま上京者として東京で生きたわけではなかった。むしろ、これから始まるジグザグ人生の第一ページが、ようやく開かれたと言ったほうがいいかもしれない。

その病歴

人の一生、民話のごとく、「今日もまたええ天気じゃわい」などと、なにごともなくピリオドが打てれば越したことはないが、そうはいかない。さまざまなつまずき、アクシデント、挫折、人から嫌われたり憎まれたり、喧嘩したり、肉親や友人の死を経験したり、それに肉体的な故障として病気や怪我もある。人生は障害物競走のようだ、と思えてくるのである。

そんなさまざまな危機に直面したとき、いかに切り抜けるか、あるいはやり過ごすか。そこに人間としての度量、真価が問われている。

木山捷平は苦難の多い生涯であった。年譜で追うとき、容易に気づくのは、病気と怪我が多いこと。一九六八（昭和四十三）年八月、木山は六十四歳にして食道がんのために亡くなるのだが、病気や怪我の多さから考えれば、むしろその歳までよく生きられたものだと思うのだ。

講談社文芸文庫『木山捷平全詩集』の「著者に代わって読者へ」で妻の木山みさをは、昭和六（一九三一）年に出た詩集『メクラとチンバ』について「捷平上京後の出版であるが、父は体も意志も弱い子に、生活費五十円を送っていることを謹呈名簿の中にメモを記している」と書く。

ここに「体も意志も弱い」と、木山捷平の二大特色がちゃんと告げられている。肉体頑健で、意志の強い木山捷平など考えられない。〝弱さ〟を自覚するところから木山の人生は始まった。年譜には幼少期からの病歴が記載されているが、一九〇九（明治四十二）年八月、五歳の折りに疫痢《えきり》に罹《かか》り、「九死に一生を得る」とある。これが決して大げさでない証拠に、二つ違いの捷平の弟・驥一《きいち》が、同じ年に疫痢のため急逝している。九歳のときにはジフテリアで入院し、全快まで三カ月かかった。育ち盛りのときに二度も大病を患い、これは木山捷平の健全なる成長を妨げたかと思われる。身長が何センチあったか、定かではないが、おそらく低かったはずだ。

一九一七（大正六）年に岡山県立矢掛中学校に入学し、このとき八キロの道を歩いて通学。片道二時間はかかったと思われるが、これを卒業までの五年続けた。朝暗いうちから起き出し、学校までは下駄で通った。普通なら、これで鍛えられ、体が丈夫になってもよさそうであるし、事実、年譜からしばしば病歴が消えるが、一九二七（昭和二）年、二十三歳のとき、「病を得て、郷里と姫路で療養」とある。

この「病」が、何だったのか気になるが、ほかの場合と違って、具体的な病名が記されていない。この時代、二十代の独身の若者が罹る病気と言えば、下半身方面が考えられる。つまり花柳病《かりゅうびょう》、と言われるやつだ。多くの文学者がこれにやられているし、さほど恥じることでもないが、正確なところがわからぬ以上、スルーしておく。

しかし、三十代の年譜に、これといった病気の記述がなく、健康とは言わないまでもわりあい順調に日々を送っていたように見受けられるが、一九四四（昭和十九）年十二月、寒さの厳しい満州へ、農地開発公社嘱託という身分で渡る。四十歳になっていた。人生五十年と考えられていた時代である。場所は新京（長春）。零下三十度、夜にはそれ以上温度が下がるという酷寒の地で、「著しく健康を害す」。翌年八月、終戦を目前に、四十一歳の木山は現地召集をうけて、新京で難民生活を送るが、「辛うじて生命を保った」という状態だった。

心身不調

そのまま、大陸で果て、土になっていたら、木山捷平の名前が文学史に残ることはなかった。意外にしぶとい。壊れそうで壊れない。崖っぷちを歩いているようで、巧みに危機を回避する。「体も意志も弱い」人間であったが、それを自覚して生きたためか、不思議な強さを見せる人間でもあったのだ。何事も、苦難の解決法は自分の中に潜んでいる。

しかし、戦闘に加わらなかったものの、満州で味わった苦難は長編『長春五馬路』を読めばわかるごとく惨憺《さんたん》たるものだった。一歩間違えれば、ソ連の捕虜となり、シベリア送りにされていたかもしれない危機、あるいは乏しい食料と酷寒は、もともと強くない木山の肉体を蝕《むしば》んだ。

一九四六（昭和二十一）年八月、終戦から丸一年で無事日本に引き揚げた。コレラの発生する不衛生ですし詰め（九百余名）の船で三週間近くかかって、ようやく佐世保に上陸する。その過程を描いた『コレラ船』を読むと、船中で木山を思わせる「私」が気になるのは、一つしかない眼鏡を壊されないこと。そして、満州で知り合った菊枝という娘が、眠っている間に、暑さからスカートの下のズロースを無意識にずり下げ、お尻が丸出しになるのを防ぐことだけだった。後者は、木山文学によく見られる健康的なエロ、ともいうべき描写で、引き揚げ船という重いテーマにユーモアと彩りを与えている。ただ、ここは創作の匂いがする。

佐世保では、東京までの汽車の切符をタダで支給された。しかし、故郷（笠岡）に疎開している妻子のことが気になり、途中下車し、そのまま故郷で療養生活に入る。このあたりのことは『耳かき抄』『逢びき』に描かれている。

「栄養失調のため、心身の回復は思わしくなかった」と年譜にある。もちろん無事に帰国できた喜びは大きく、西国に疎開していた井伏鱒二、藤原審爾《しんじ》らと「疎開者会合」を持ち、語らった。木山は四十二歳になっていた。この年、作品の発表はない。

戦後の年譜で気になるのは、一九四七（昭和二十二）年、単身で荻窪在住時代の「神経衰弱症状になる」、五〇年七月の「心労のため郷里に帰るが、十一月ふたたび上京」、五一年の「この年より心悸亢進《しんきこうしん》を起し、憂鬱な日々を送る。たびたび死の恐怖感に襲われ、強度の神経衰弱となる」、五二年の「この年、心身不調に苦しむ」等の度重なる精神面の不調の記述だ。作品の発表は少なく、安酒を呷《あお》る生活をしていた。本来なら、人間が脂の乗った仕事ができるはずの四十代が、こうして霧散してしまうのだった。

しかし、木山がこの時期に書いた小説を読むと、年譜に見える暗澹《あんたん》たる印象が少し修正される。一九四七年一月「東国」誌に発表された『幸福』は、満州時代のソ連との開戦、現地召集、敗戦から帰国のプロセスを描く重要な作品。一種の「戦争文学」に登録されてもいい実質を備えながら、そう主張しようという時、少し気弱になるのは、木山の筆致である。

ソ連との開戦の報を聞いた際も、満州へ来たことを「ちょっと下駄ばきで散歩にでも来たつもりのぼく」と書く。じっさい、十銭スタンドで千代ちゃんという若い娘を相手に酒を飲むシーンでも、「新京」や「関東軍の腰ぬけ将校」などという語を隠せば、平常時に中央線の駅裏の酒場が舞台かと錯覚してしまいそうだ。

そして、こんな非常時に、満州で知人となった文学者仲間の逸見猶吉《へんみゆうきち》、北村謙次郎と三人で「飛天」という同人誌を作る計画を立てていた。このことをどう見るか。さしせまった危機が、歴然として木山の周辺を覆っていたことは、彼が遺した長編、短編群を見てもわかる。木山のような実用的でない四十過ぎの人間を徴用する時点で、日本の敗北は運命づけられている。そのことは、誰の目にも明らかだ。

敵は徹底的に殲滅《せんめつ》せよ、捕虜になるのは恥辱と教えられた軍隊経験が、いちおうありながら、「わしは生まれて四十年、まだ一人も人を殺したことがないんだ」(『最低』)と誇るのが、木山の生きかただった。殺すぐらいなら、殺される方がまし。ただし、痛いのは困る。木山の心情を代弁すれば、そういうことになるか。

しかし、この臆病、消極、悲観が、彼の危機を回避するのに役立った。血気盛んな威勢のいい連中は、蛍ほどの微かな命の輝きも見せず、みな露と消えていったのだから。何かが、木山に死の地雷を踏ませなかった。

「臆病」で危機回避

ソ連兵が侵攻した満州で、帰国もかなわず、女郎屋《じょろうや》の「居残り」みたいにやるせない日々を送っていた木山捷平。その時代のことを書いた『最低』という短編（何という奇抜なタイトルか）を読むと、「臆病」で危機回避できた場面がある。

「あれは昭和二十年の十二月二十何日であったろう。正介は長春（新京）市内のとある社宅の地下室のような場所で一晩をすごしたことがある」と始まる。正介とは著者・木山の分身。白酒《パイチユウ》の行商がうまく行かず、生活に窮した正介は、屋台で一杯飲み屋をしている村田という友人を訪ねることにした。何か、この地で生きぬく、うまい知恵はないものか、と相談しに行ったのである。

ところが、村田の屋台が出ているはずの場所に、その屋台がない。同じ屋台仲間をしている顔見知りの娘は、彼は商売を辞めたと正介に告げる。聞くと、店を手伝っていた青年に金を持ち逃げされたのだという。慰めてやろうと村田のいるあたり（さだかではない）へ行ってみたが、会うことができず、別の店で白酒をひっかける正介であった。

冬の日は暮れるのが早く、宿舎へ戻ろうとしたところ、途中、ソ連兵と出くわす。

あわてて引き返し、角を曲がった向こうからも、また二人のソ連兵。危機の挟み撃ちだ。その頃の満州はソ連に占領され、「年末のせいか殊に警戒が厳重で、切捨て御免を覚悟でなければ、夜の街路は歩けなかった」。怪しいへなちょこな日本人がうろちょろしているのを、ズドンと一発やられても、文句の言いようがなかった。

正介、絶体絶命！「アワをくった正介」は、近くの建物に身を隠そうとするが、玄関が開かない。仕方なく、脇の空き地に見つけた穴にもぐりこむ。そこは石炭置き場らしかった。大きな穴らしく、器具のようなものがぶちこまれている。それが頭の上に落ちてきそうだ。チャップリンの映画みたい。夜は更ける。「零下何十度かの寒さ」があわれな正介を襲う。じっとしていれば凍え死ぬ。

「正介はわずか二尺平方ほどの空間をえらんで、その夜一晩、足踏みをつづけて、夜があけるのを待ったのである」

こうして、怯《おび》えと寒さでぶるぶる震えながら、ソ連兵との正面衝突の危機を回避した正介だった。朝早く、無事に宿舎へ戻った正介を待っていたのは、一晩穴ぐらで過ごしたおかげで、回避できたもう一つの危機であった。

なにもしなかったのがよかった

先日、東京・荻窪の古書店「ささま書店」（現在は「古書ワルツ」）の店頭均一を熱心にまさぐっていたら、「おかざきさん」と声をかけられた。「ささま」は、豊富、良質な百円本が大量に入口の均一コーナーに並ぶことで有名な店。〝古本者〟のオアシスのような場所で、私は同好者からしょっちゅう声をかけられる。だから、珍しくもないことと振り返ったら、なんと木山萬里《ばんり》さん。木山捷平の長男で、生き写しとはいかないまでも、やはり父上と似ておられる。木山捷平本人に会ったことのない私は、萬里さんには失礼ながら、その身代わりのようでお目にかかれるとうれしい。

萬里さんとは、これまで四、五度は各所でお目にかかっているだろうか。木山捷平作品について、細部をお訊ねすると、「おやじは、よくウソを書きますからね」とおっしゃっていたのが印象に残っている。その日は、芸術新聞社のサイトで本稿を書いていることで、御挨拶さしあげた。萬里さんは、そのことをご承知らしく、「ありがとうございます」とお礼を言われた。

そこで図に乗って、いま書いている最中の満州時代について、「あんなに体が丈夫でなくて、無事に復員されたのがフシギなんですが、なぜでしょう？」と質問してみた。萬里さんは、ちょっと間をおいて一言、「なにもしなかったのがよかったんじゃないでしょうか」とおっしゃった。私は、そのことばに、うーんとうなってしまった。感心したのである。

この「なにも」のなかには、戦闘も入っているだろう。そのほか、戦史に残るような華々しいことは、木山捷平の満州時代に記録されていない。かの地にあっても、一庶民として、寒さに震え、生活に困窮し、ソ連軍進駐後は、シベリア送りを怖れてびくびく暮らしていた。つまり「なにもしなかった」のだが、結果的にその無為性が木山の命を救ったのである。

生き延びるということ

『最低』という満州時代を描いた短編の話題をさらに続ける。

ソ連兵と遭遇した難を、一夜、空き地の穴に隠れて逃れ、翌朝、宿舎に戻った正介は、再び驚かされることになる。宿舎はもとはホテルだったが、「いまは避難民の合宿所」と化し、その上、「三階は日本人が経営する日本人の女郎屋」として使われていた。

正介の部屋はその二階。部屋の前まで来て、扉が壊されていることに気づく。隣室の金山という朝鮮人の言うことには、前夜、ソ連兵の憲兵がやって来て、ノックをしたが返事がなく、扉を壊して入って行った。「誰かをかくまっている」という容疑であった。木山が思い当たることと言えば、二カ月前、ソ連の憲兵将校とともに、ロシア語のできる朝鮮人が正介の部屋を訪ねてきたことがあった、ということだけだった。

ここでも正介は、危うく難を逃れたことになる。もし前夜、普通どおりに宿舎へ戻り、部屋にそのままいたら、ソ連の憲兵たちにどんな目に遭わされたかもわからない。これが事実に基づくかどうかは、本人でなければわからぬが、正介を作者自身と仮定して、やはり木山捷平には、危機を直前に回避する「運」がついているとしか思えない。

世の中の犯罪や災害、突発的事故による死傷を報じる新聞記事、ニュースをしょっちゅう目にすると、人間は本当に紙一重の差で、生かされたり、葬られたりすることがよくわかる。誰もが目に見えぬ、何かの働きで、はいここでおしまいという地雷を踏まずにどうにか生き延びている。ふだん、生活し、当たり前に生きているような気にはなっているが、生き死にの落とし穴は、つねに目の前にぽっかり開いているのだ。

神仏にすがったり、体を鍛えてその日に備えたり、現実的と呼べるかどうかはわからぬが、やってみて損はない、危機からの回避あるいは脱出術はある。たとえば、水練に長《た》けていれば、川や海で溺れる確率は減るだろう。ただ、こうも言えるのだ。泳ぎに自信があるため、波のうねりや、川の流れの速さを過小に見積もり、カナヅチなら飛び込まない水に入って、溺れてしまうということはあるのではないか。

泳ぎに自信のない私が、たとえば目の前の川で溺れかけている小さな子を見つけたとき、とっさに飛び込めるかどうか。ちょっと自信がない。飛び込まなければその子は助からぬ。しかし、泳ぎに長けていない私が飛び込んで、助かるかどうかも、これはわからぬのだ。

話が少し逸《そ》れたが、木山捷平は川に飛び込まぬ人だと思うのだ。**できないこと、無理なことはしない**。自分の「分」をわきまえ、その枠内から出ないことで、戦中も戦後も、われらが木山捷平は生き延びた。

若作りより老作り

「ささま書店」での木山萬里さんとの会話からもう一点。満州での苦労はもちろんのことだが、「むしろ、日本に帰ってからが大変だったんですよ」と萬里さんはおっしやったのだ。木山は喘息と神経痛という持病を抱えて、あえぎながら生きていた。『大陸の細道』には、随所にこの持病の苦しみが描かれている。街路を歩いていて、咳をした途端に咽喉《のど》から血の固まりが出たという場面がある。そのとき、正介は思うのだ。

「万事は神の摂理だ」

なるがままにまかせて生きるよりしようがない。ただ苦労をするためだけに渡ったような満州で、木山が得たこれが真理だった。いよいよ帰国となったとき、すし詰めの汽車をハルピンから小刻みに乗り継ぎ、釜山《プサン》を目指す過酷な旅は、しかし例によって脱力の筆で『大陸の細道』の最終部で読める。講談社文芸文庫版の巻末「著者に代わって読者へ」という文章で、夫人の木山みさをが次のように書いている。

敗戦後は、所謂《いわゆる》難民であった。捨身順応でともかく生きて帰りたい望郷断腸の思いであったにちがいなかった。生きることの可能性が無に近くなったとき、長春五馬路の一隅で老翁の生活に徹した。高粱《コーリヤン》の粥をすすり、白酒をのみ、襤褸《ぼろ》を重ねて寒きに耐えた。

ここを読んで、ああそうだと気づいたのは、木山捷平の危機脱出術のなかに「老翁の生活に徹した」があるということだ。実際の年齢より、老けて見えるように振る舞う、と言えばいいか。たしかに、木山の満州生活にそれが見受けられる。

現実的にも、満州生活の過酷は、木山を老いさせた。『大陸の細道』の中頃、正介が住んだ宿舎の寮母との別れ。子持ちで未亡人の寮母が別れを惜しんで涙を流すのを見て、惚れているのかと一瞬思う。すぐそれは打ち消されるのだが、その後に続くのがこういう文章だ。

たとえ惚れたとしても、満州の寒気にやられた正介は、肉体のそこまで萎縮して、冷凍魚なみの不能者《インポテンツ》になっていたのだ。

かの地で難民生活が始まった一九四五（昭和二〇）年、木山捷平はまだ四十一歳。とてもそんな（インポテンツ）の年齢ではない。それなのに、わざわざ老いぶったことを書く。これは「若作り」の反対語（がないので、あえて作ると）「老作《おい》り」ではないか。**戦後に書かれた木山作品の魅力の一つは、どうもこの「老作り」にあるような気がする。**今ならジム通いやサプリメント服用などの「若作り」という無理をせず、

「老作り」で省エネを図ったことが、木山の戦後を保障したのだと思うのだ。人に「若く見えますね」とお世辞を言われ、その気になり、若作りしてむやみに走ったりすることは危険なのだ。

木山みさを夫人の文章をもう少し引く。

昭和二十一年七月十四日新京を出発した無蓋車の上から見た多くの同朋の死、黄色い旗をかかげたコレラ患者をのせた引揚船が佐世保海上に着いたのは八月二十五日頃？八月三十日に帰宅したのは新京を出て四十五日ぶりのことであった。骸骨同然の体は飢餓状態で、人間の意志だけで生きている極限であった。必死の一縷《いちる》の希みは絶望を越えて、修羅の中から抜け出した解放感は虚脱に近いものであった。

職業的作家でなかったみさを夫人の冷静かつ適確な文章の巧さに、惚れ惚れする思いだ。ほかの誰に、これだけの字数で、木山の帰国体験を伝えることができるだろうか。ともかく国民を苦しめた戦争は終わった。だが、木山捷平の戦後は、もう一つの戦争の始まりでもあったのだ。

「歩く人」

木山捷平の作品を読んでいてすぐわかるのは「歩く人」である、ということ。移動手段として、電車には乗るが、それ以外、たとえば自転車も使わない。むろん、免許もないから自動車を運転した形跡もない。それどころか、私の見落としがなければ、タクシーにも乗らないようだ。バスはどうか。『軽石』で、西荻からバスで「四軒寺」というバス停まで移動しているが、ほかはあまり見当たらない。

木山に限らず、むかしの人はよく歩いた。十キロ圏内ぐらいなら、平気で歩いたようである。戦後、自転車はまだ高価だったし、和服姿だと乗りにくいという事情もあっただろう。自転車に木山捷平がまたがって移動する姿、というのが想像できないのだ。

移動の基本は「歩き」。経済的余裕がないという以外に、何か確固たる意志のようなものをそこに感じるのだ。とにかく徹底して「歩く人」なのである。これは木山に限らず、同時代、周辺にいた井伏鱒二、上林暁、尾崎一雄、太宰治、亀井勝一郎、青柳瑞穂《みずほ》といった作家や評論家たちも、運転免許を持っていないし、持とうともしなかった。

自家用車を持って乗り回す、というイメージは、昭和初期の「文士」にはなかった。このイメージが覆されるのは石原慎太郎の登場あたりで、彼などはヨットまで操った。たしか遠藤周作も開高健も自家用車を持ち、運転していた。昭和三〇年代以降に登場した作家たちは、普通に移動でタクシーを利用しただろうと思われる。先行する論文に、作家と自家用車の所有の関係について書いてくれているものがあれば、参考にしたいが、今のところ見つからず、手持ちの知識と知恵でなんとか考えていくしかない。

歩けばわかる

私は朝早く、玉川上水沿いの遊歩道を散歩するのを日課としているが、非常に多くの「歩く人」と出くわす。犬を連れている人もいる。夫婦連れや何人かのグループで歩いている人もいる。散策、という感じではなく、チカラを込めて一生懸命歩くのだ。これは年輩の人に多い。健康のためだろう。朝食で摂ったカロリーをすべて吐き出すがごとく、ひたすら前を向いて歩く。突進、と言ってもいい。

有史以来、今ほど、どこか目的地へ向うためではなく、ただ「歩く」ことを目的として歩く人がこれほどいる時代はなかっただろうと思われる。また逆に、歩かない人は、一キロだって歩かないで、バスやタクシーに乗ろうとする。自動車の運転が好きで、もう体がそれに慣れている人は、数百メートル先のコンビニへも歩かないで、自動車を使おうとするのではないか。私なども運転免許を取り立ての頃はそうだった。「歩く人」「歩かない人」が両極端なのだ。だからどうした、という結論まで導けないのが悔しいが、木山捷平の作品を読んでいると、著者の分身たる主人公はじつによく歩くし、歩くことを苦ともしていない。たとえば、それは戦後生まれの自家用車に慣れた世代の作家たちとは、時間の経過も、見えた風景も違って来るのではないか、と思われるのだ。

すでに触れた『軽石』という作品は、溜めた釘を売った代金で買えるものを探して、吉祥寺から西荻周辺を歩く過程を描いている。私はかつて同じコースを歩いたことがあるが、木山家のある練馬区立野町から測って、ざっと五キロ近い道のりであった。

私の場合、早足で寄り道せず約一時間かかった。一時間歩き通すぐらいのことは、木山にとってざらにあることだった。立野町の自宅から吉祥寺駅まで、吉祥寺通りを南下するバスが現在では出ていて、木山存命の昭和三〇年代にも走っていたが、そのバスに乗ったという記述が見当たらない。距離にして約一・五キロ。バス代は現在なら二百二十円。これは歩かない手はない、というよりバスを利用する選択肢はもともととなかったのではないか。歩けるところはとにかく歩く。そのことに迷いはなかった。

純情な散歩

若い頃より、作品のなかの木山の分身たる「私」はよく「歩く人」である。『雑司ヶ谷』という随筆がある。昭和三十五（一九六〇）年二月の「東京新聞」に掲載された随筆だが、木山が雑司ヶ谷に住んだのは二十一歳。一九二五（大正十四）年四月、東洋大学文化学科に入学した年のことである。住所は東京府北豊島郡高田町雑司ヶ谷四丁目。「間借りの部屋は、内閣か大蔵省印刷局にでている人の二階で、家は高田第四小学校の正門前にあった。」と書かれている。同小学校はのち「日の出小学校」と改称され、いまは廃校となり、現在その地は、豊島区の新庁舎が建っている。

随筆『雑司ヶ谷』によれば、若き日、「私」は「雑司ヶ谷の墓地」を毎日のように散歩した。雑司ケ谷霊園には、漱石始め、島村抱月《ほうげつ》、岩野泡鳴《ほうめい》など近代文学者の墓がある。血縁でもない著名人の墓を訪ねて歩くことを「掃苔《そうたい》趣味」と呼ぶが、上京したばかりの「私」は友人も少なかったのか、じじむさい趣味を一人で楽しんでいる。若き日より、老人のような男だった。

また、散歩の遠出もしている。「時には護国寺横の坂路をくだって護国寺前から市内の江戸川橋をわたり、神楽坂の夜店をあるいて、牛込駅（今の飯田橋駅）まで行って引き返すこともあった」という。東京以外に住む方にはイメージがわかないかもしれないが、軽く四キロ以上はあるだろう。「また時には、くぬぎの雑木林をぬけて、さびしげな池袋駅まで」歩いたという記述もある。雑司ヶ谷一帯は目白台地の上に広がり、東側を走る音羽通りに向けて雪崩れるように傾斜を作っている。木山は護国寺横の坂（小篠坂《こざさざか》か）が「現在の坂よりも三倍も急だった」と書いている。九段坂もそうだが、現在よりも急だった坂を整地して、緩やかにする工事が各所で行われたようだ。

これら起伏に富んだ地形と、まだ江戸の町の風情を残す周辺の景色は、地方出身の若い足を弾ませただろうと想像される。「後年飲んべえになるとは夢にも知らず、カフェーで女をくどく術《すべ》も心得ず、私は酒のかわりに純情な散歩の一つ覚えで、青春のウツをごまかしていたもののようである」と、遠い若き日のことを述懐している。「純情な散歩」という表現がいいではないか。ただただ、歩くために歩いたのだった。

目的地はいらぬ

どこかへ行くための移動、というのではない。青春のウツをまぎらわし、東京の風景を目に焼き付け、快い疲れを得るための「散歩」。それを「純情」と木山は表現した。これぞ純文学ならぬ、「純散歩」（驚いたことに二〇一五年からテレビ朝日で高田純次による街歩き番組「じゅん散歩」が開始）。

戦争末期の満州体験を描いた『大陸の細道』にもこんな個所がある。

食事をすますと、正介は外出の用意をした。何処へ行くという当てがあるわけではなかった。暖房のきかない零下の部屋にじっとしているのは堪《た》えられなかったから、外に出ようと思ったまでのことであった。

これには寒さをまぎらわすため、という目的はあったが、「何処へ行くという当て」もないという点では「純散歩」と言えるだろう。しかし、外気は冷たく、喘息の正介は「歩くと、気管がぜいぜい鳴って、咳をすると咽喉から血の固まりが飛び出た」。血痰《けったん》というほどのものではないが、不吉な徴候である。しかし、歩きながら正介は

「万事は神の摂理だ」と悟るのだった。

弱い身体を、部屋で安静にし温存するのではなく、厳寒のなかにさらして格闘する。そして「西も東も分らぬ市街をただ出鱈目《でたらめ》に歩き廻った」というのだ。このとき、タイトルの「大陸」と「細道」の結合の意味がおぼろげながらわかってくる。見果てぬ広大な満州の「大陸」にあって、正介が歩くのは行方も知らぬ「細道」なのである。ただ、そこをやみくもに「歩く」しか手はない。ソ連軍侵攻の不安のなかで、何かをしないではいられない。「歩く」ことは、手っ取り早いその対処策でもあった。

昭和三十二（一九五七）年発表の『竹の花筒』という短編がある。タイトルだけ見ると、まことに典雅な絵を想像するが、これは身動きの取れない満員の汽車で、小用を足すために息子が竹筒で作ってくれた、簡易溲瓶《しびん》であった。その竹筒はけっきょく使われず、自宅で花入れとして使われるのだから人を喰っている。その最後、「私」が外出するシーンで小説は幕を閉じる。

けれども外出したものの、どこへ行くという当てはなかった。散歩ということにすれば目的地はいらぬ筈だが、こんな自分が時間をもてあますような日に、多忙な友人知己を訪ねて邪魔するのも、気がとがめた。

「私」は三十分ほどぶらついて、井の頭公園へ足を向けた。立野町の木山宅からは直線で約一・五キロの距離。おそらく木山捷平の散歩コースの一つだったろう。「散歩ということにすれば目的地はいらぬ筈」と木山は言う。これぞ「散歩」の極意で、目的地のある「歩き」は散歩ではないのだ。木山は多く、目的地をもたずに「歩く人」であった。木山文学そのものにも「目的地」はない。どこへ読者を導くかという忖度《そんたく》なしに、ただ「歩く」ように作品は書かれた。また「歩く」リズムが、木山捷平の散文のリズムに影響を与えた気もする。木山の文章も「歩く」ようにして書かれた。

『木山捷平資料集』のこと

二〇〇七年版より改訂が続けられた新版『木山捷平資料集』（二〇一四年）を送っていただいた。発行元は「清音読書会」。発行人は中脇紀一朗氏。住所は岡山県総社《そうじゃ》市清音《きよね》柿木《かきのき》、となっている。「清音柿木」とは、なんと美しい地名であろう。まるで木山捷平の世界を漢詩にしたような。表紙こそ簡素ながら、大判百二十八ページに詰まっているのは、水も漏らさぬ徹底した木山捷平関連の資料群である。私が関わったなかで言えば、仲間で作った同人誌「ARE」の「私小説の3K」特集号まで拾ってある（上林暁、木山捷平、川崎長太郎を取り上げ、頭文字のイニシャルを取って「3K」と洒落れた）。

出演および朗読された放送から、各種アンケート、木山が筆を執《と》った色紙短冊の類《たぐい》まで挙げられていて、おそらくこれ以上くわしい資料集成は二度と作れないと思われる。あだやおろそかに取り扱うことはできぬと強く自分を戒めつつ、多くのことを教えられ楽しませてもらった。

この一冊の編集ぶりを見るだけで清廉篤実《せいれんとくじつ》の人とわかる中脇氏は、木山の世界を深く愛し、昭和四〇年代に木山が通った中学校のある町・矢掛に住んだ縁から、弟の木山鳳氏に面会取材し、「その作品を若い人や次の世代に伝えたいと、以来資料集めが続いている」と「あとがき」に書かれている。そのために、旺文社文庫・講談社文芸文庫の編集部に、木山作品を「絶版にしないように、何度もお願いした」とある。生半可《なまはんか》な気持ちでできることではない。

『木山捷平資料集』によれば、木山作品の教科書への採択率は低く、資料の記載によれば、『遠景』という詩が二度「国語」教科書に掲載された以外は、『尋三《じんさん》の春』が昭和五十（一九七五）年に『新しい国語中二』（東京書籍）に採られたっきり。考えてみれば、「目的地」のない木山作品を、教材として十代に教えるのは非常に難しい。

簡易溲瓶として作った竹筒を、いまは自宅で花入れに使っているという『竹の花筒』など、正直、国語教材として教えようがないではないか。だからこそ木山捷平はいいのだ、という点については解説不要であろう。**怒りのために上げたこぶしを、力なく下ろすためには、木山捷平を読むことだ。**

第五章

田村隆一

都市に生まれ、育ち、生き、さすらう

＊田村隆一（たむらりゅういち　一九二三〜九八）

詩人。東京府（現在の東京都）生まれ。明治大学文芸科卒業。一九四七年、鮎川信夫、北村太郎らと詩誌「荒地」を創刊。戦後詩の巨星の一人として、大きな足跡を残した。エッセイも人気で、亡くなる年には「おじいちゃんにも、セックスを。」のコピーとともに宝島社の新聞一面広告に登場し、大きな話題を集めた。代表作に『言葉のない世界』『奴隷の歓び』『ハミングバード』などがある。結婚歴五回。

子どもが苦手!?

田村隆一が生前、小学校へ出かけて行って、詩の特別授業を行うというテレビ番組があった。取り上げたのは自作の「六色のクレイヨン」。子どもの頃母親に買ってもらったクレイヨン（クレヨンにあらず）が六色で、それが「王様クレイヨン商会」というメーカーの製品だった。「ぼくのあの王様クレイヨンはどこへ行った」と終わる。田村はしきりに、「王様クレイヨン」の説明と、それがいかに大事だったかを教えるのだが、生徒たちの顔を見ている限り、どうもうまく伝わっていないようだった。

六色しかない、というクレヨンがまず想像できないだろう。今なら百円ショップでも二十色入りぐらいのが買えるわけだから。田村が伝えようとした詩の内容は、もっといろんな経済の変化や商品価値の違いなど、年齢差、時代差の前提をしっかり説明しないと無理という気がした。しかし、田村は、あまりそういうことに興味はない。子どもたちにしてみたら、偉い詩人だとは聞かされているが、なんだか、変なことを言うおじいさんだなあ、と思ったのではないか。いや、これは薄れた記憶による印象で、決めつけるのはよくないかもしれない。

ただ、田村隆一は子どもたちを相手に何かを教えるのに向いていないことははっきりしていた。おそらくだが、田村は子どもが苦手ではないだろうか。まず素面で相手をしなくちゃいけない、という点でマイナスで、女性の（色っぽい）話も御法度《ごはっと》とくれば、田村にとって、手足を縛られて泳げ、と言われたも同然だろう。

五度の結婚

田村隆一は、谷川俊太郎には及ばないものの、現代詩人のなかで著作の数が多い人である。すべて、とはいかないが、詩集を始め、エッセイ集、対談集など私もけっこう所持している。思潮社から全五冊、函入りで出た『田村隆一　詩と批評』は好きな本で、若き日に、古本屋の棚から一冊いっさつ値段を確かめながら集めた記憶がある。装幀は吉岡実だった。

目につくものだけを集めて、さあ書き出そうと思ったとき、ちくま文庫から『言葉なんかおぼえるんじゃなかった　詩人からの伝言』（以下、『言葉なんか』と表記）という聞き書きによる、田村隆一の人生を見渡すのに最適な本が出た。メディアファクトリーから出された元本『詩人からの伝言』も所持しているはずだが、すぐには見つからない。ちくま文庫版を座右にし、田村隆一という人物について考えてみることにする。

いきなりで何だが、田村は四回離婚し、五人の妻を生涯に持った。この記録に並ぶのは、たぶん作家の高橋源一郎で、文筆界ではトップクラスの記録だろうと思われる。『言葉なんか』巻末の詳細な年譜をもとに、結婚、離婚歴をピックアップしておこう。

一　上村康子（一九四八年十一月〜五五年四月）
二　三野信子（一九五七年七月〜六一年十月）
三　岸田衿子（一九六三年六月か七月初め〜六九年七月）
四　高田和子（一九六九年八月〜八八年十月）
五　佐藤悦子（一九八九年三月〜九八年八月に田村が死去）

いずれも四文字で名前に「子」がつく。並べるとみごとな統一感だ。田村の好みだろうか。上村康子は親友・鮎川信夫の妹であり、岸田衿子は谷川俊太郎の元妻。高田和子は、ねじめ正一『荒地の恋』でくわしく描かれたように北村太郎との三角関係に陥った女性（作品のなかでは「明子」）。結婚の期間は、この波乱含みの和子が十九年と長く、死をもって途切れた最後の悦子を除けば、いずれも十年に満たない。また、離婚後、田村が独り身でいたのはせいぜい二年で、要するに入れ替わりが激しい。

円満な結婚生活が長続きしない。離婚の理由はそれぞれあっただろうが、中年期までは、やはり女性問題が大きかったと想像される。

『言葉なんか』の第一章が「結婚」で、第二章が「別れ」。田村にとっては、うってつけのテーマだったが、そこで語られるのは一般論にすぎない。「別れ」では「子はかすがい」と、落語の枕のような語り出しで始まり、以下こう続く。

「夫婦の場合、昔は子供が絆だったんだ。子はかすがい、良い言葉だろ。お互い、顔も見たくないぐらい相手に不平不満があっても、子供のために我慢する。（中略）我慢しながらも時間が経つうちに、二人とも成熟していくだろう」

よく言うよ、と思うが、年譜によれば田村が子どもを持ったのは、初婚の康子との間に一人、三番目の妻、岸田衿子との間に、長男・未知が八月に生まれている。しかし「子はかすがい」とはならなかったことは、前に列挙した結婚、離婚歴に明らかだ。その後、子どもは作らず、一九九〇年に最後の妻となった悦子夫人の娘を養女として迎えている。

生まれは大塚、花柳界の育ち

いずれにせよ、離婚も結婚も、日常生活から跳躍《ちょうやく》した多大なエネルギーが必要なはずだ。もっとも、そんなふうに考える人間は離婚に向いていないのか。いや、向くも向かないもない。**田村隆一にとっては、そのとき、どうしても自分にとって必要なことが、いま一緒にいる女性との決別、そして新しい恋であった**のだろう。

田村は長身、ハンサムでダンディ、快活でユーモアもあり、それに何てったって詩人であった。これで、女性にモテないほうがどうかしている。じじつ、詩人・田村隆一の周辺はつねに華やかだった。

田村には人生の後半、詩とエッセイの原稿料、それがまとまった本の印税しか収入はなかったはず。四度も離婚すれば、慰謝料の方だって大変だったろうと思うが、くわしくはわからない。

ただ、田村の生い立ちを見るとき、早くから女性（しかも玄人）に親しんでいた。我々が、と言うより私が思春期に抱いた、異性というものへの過剰な反応は、田村にはなかったのではないか。というのも、田村は特異な環境のもとに幼少期を送っていた。

田村隆一は一九二三（大正十二）年三月十八日、東京府北豊島郡巣鴨村字平松一三六〇番地に生まれた。『言葉なんか』年譜には、「現・東京都豊島区巣鴨六丁目」とあるが、これは町名変更以前の資料の引き写しではないか？　精査していないので、こちらの間違いかも知れないが、むしろ生家だった鳥料理専門店「鈴《すず》む良《ら》」があったと思われる、山手線大塚駅南口すぐの「現・南大塚一丁目」と考えるべきではないか。

今、大塚駅前南口から東南方向に蛇行して延びる「大塚三業《さんぎょう》通り」が、かつて石神井川の支流・谷溝《やばた》川の名残りで、暗渠《あんきょ》となった。「家のまえを石神井川の支流がながれていた」と『ぼくの交響楽』にあるから、そう考えるのが正しいはず。「三業《さんぎょう》地《ち》」とは、今では聞き慣れない言葉だが、いわゆる「花街《かがい》」に付随する料理屋、芸妓《げいぎ》屋、待合の三業種のある土地をそう呼んだのである。つまり、きわめて色っぽい場所だ。太平洋戦争における空襲で消滅するまで、大塚駅周辺には「花街」が存在した。

大村彦次郎『東京の文人たち』（ちくま文庫）によれば、「祖父の重太郎は向島《むこうじま》小梅の両替商の息子、祖母しげは下谷黒門町《したやくろもんちょう》の旗本の娘で、ともに明治元年生まれ。田村は幼少年期、この祖父母から深い感化を受けた」という。また「彼には礼儀正しく、適当にユーモアをまじえ、相手を笑わせる、老人キラーの一面があった。またどこか江戸のご家人の血筋を引くような印象を与えた」というのが大村の田村観。

脂粉と嬌声《きょうせい》に包まれて

ぼくは大正十二（一九二三）年の三月に、東京の新開地で生まれた。第一次大戦による経済構造の急激な変化によって、旧東京市外の周辺には新開地がぞくぞく誕生する。ちょうど、高度経済成長政策によって、都市とその周辺が膨張するのと、まったく同じパターンである。ぼくの生れたころの大塚は、まだ東京市外であって、正式な地名は、東京府下北豊島郡巣鴨村字平松。ぼくは、字《あざ》の生れなんだぞ！（『ぼくの交響楽』）

明治元（一八六八）年生まれの祖父が、建坪だけで二百坪の「鈴む良」を建てたときは、あたりにぽつんと一軒あるような状態だった。田村の生まれた年に関東大震災が起きた。以後、被害の大きかった下町から、まだ雑木林の広がる大塚へ、花街が移ってきた。花街で必要な商売、髪結い、車屋（人力車）、金箔《きんぱく》屋、かもじ屋、うなぎ屋、寿司屋なども一緒に移転。その店の子どもたちが、田村の遊び相手で、メンコ、ベーゴマ、竹馬、ビー玉、石蹴りと、下町の子ども文化までもが新開地に移植されたのである。

「激動する大正期の文化をよそに、幕末以来の享楽的なエンタテインメントを売りものにする閉鎖的な社会を維持しつづけていた」（『ぼくの交響楽』）という。

当然ながら、大塚駅前にいまもある料理屋にも、白粉《おしろい》をつけたきれいなお姉さんや粋筋が出入りする。大塚駅前にいまもある「天祖神社」が氏神さまで、隆一の名は、そこの神官がつけた。境内《けいだい》には活動写真（映画）や寄席の小屋が建ち、七の日には縁日でにぎわった。天祖神社は戦後敷地が狭くなったのか、いま、映画館や寄席が建つ余地はない。ただ境内には田村が見たであろう大イチョウが、何本も植わっていた。

現在もコンビニの二階で営業中の銭湯「金春湯《こんぱる》」（もと「八千代湯」。二〇一八年廃業）田村はこの「八千代湯」の女湯へ、小六まで入っていた。当然ながら芸者衆も同じ湯に浸かる。最盛期、大塚には待合が百軒、芸者が六百人いたというから、玄人の女性が密集する土地で幼少期を送り、しかも裸も見慣れていた。ずいぶんませた子どもが出来上がったのは、つまり花街に育ったせいだ。

「美しく着飾った女たちや、酔客のだみ声、初午《はつうま》の祭の夜の神楽《かぐら》、深夜までつづく宴会の馬鹿騒ぎ、板前や女中《じょちゅう》のいざこざ、三味線や俗曲のマンネリズム」（『若い荒地』）といった空気を吸い、田村少年のなかで何が熟成されていったのか。通った小学校の生徒の大半が花柳界に育ち、「女生徒などは、芸者屋の娘か、しこみっ子ばかりで、僕が大学へ入るころには、同期生の女の子が、れっきとした一本の芸者になっていたものだ。（いまでも大塚へ行くと、『りゅう坊』とぼくのことを呼ぶ待合のおかみさんや古手の芸者がいるのだ）」（『若い荒地』）というから、これはたまりません。「しこみっ子」とは、芸者見習いの少女のこと。

　脂粉に包まれ、色気を発散する女性たちにとり囲まれて日々を過ごす。女性の艶《なまめ》かしさに慣れっこになる。これらの体験は、根源的かつ肉感的で、のちに机上で学習して得られるようなことではない。田村隆一には、女性に対する免疫性が、少年にして身に備わっていたように思える。

まだ文学や詩との出会いはない。その前に生き生きとした生身の「おんな」と出会ったのだ。田村隆一を考えるとき、私にはそれが重要なことだと思える。

奇妙な三角関係

田村隆一の人生では、「詩」のほかに、「酒」と「おんな」が重要であることはまちがいない。どちらもそれに溺れることで、多くの時間を失ったし、また救いにもなったのだ。これは差引勘定で損得を問えないことだ。

そんな豊富な「おんな」体験のなかには、五十代で、親友の北村太郎に妻を奪われるという修羅場もある。その地獄を一部仮名を用いて小説化して描いたのが、ねじめ正一の『荒地の恋』。これは傑作である。文春文庫版の西川美和による解説がみごとで、その一部を借りて、紹介しよう。

その北村が五十三歳の時、かつて事故で失った初めの妻と同じ名の、田村の妻〈明子〉と恋に落ちる。定年目前で家庭と仕事を棄てた男は、突然燃えるような情熱と『言葉』を取り戻した。

少し補足しておくと、北村は最初の結婚で作った家庭の、妻と息子を海での事故により同時に失うという経験をしている。北村は長く朝日新聞社の校閲部に勤務していたが、「明子」と恋に落ち、それが噂となり、新聞社にいられなくなったのである。

ねじめは『荒地の恋』で、詩人仲間としてともに素顔を知る田村と北村の、初老といっていい年齢における切羽詰《せっぱつ》まったいざこざを、もののみごとに解析描写し読ませる。妻を寝取られながら、田村は酔っぱらっては北村に電話し、遊びに来いと誘う。離縁をつきつけた北村の妻が、田村家に乗り込んでの修羅場もあり、この恋の代償は高くついた。二人が同業者で、しかも中学時代からの親友だけあって、じつに複雑である。

西川美和解説は、先の引用のあと、こう続ける。

田村は敏感に事態を察知しながらも、常識的な道義などおくびにも出さず、それでいて異様な情念を燃やし、明子に甘え、北村に甘え、真綿で首を絞めるように二人を壊していく。その奇怪さ、エゴの強さ、不格好な孤独の深さがいかにも天才然として魅惑的であり、また哀しい。

北村と明子の男女関係ができて以来、田村は娘ほど年の離れた女性を家に引き込み、そして二人で鎌倉の家を出る。四十代までめまぐるしく転居をくり返した田村が、一九七一（昭和四十六）年の十一月に鎌倉市稲村ヶ崎に移り住み、ほぼ晩年までこの家で過ごすのだが、たった一年だけ、一九八〇（昭和五十五）年一月から、小金井市で暮らしている。年譜だけ見ると、この一年だけ不可解であったが、『荒地の恋』を読んで謎が解けた。小説の中では「本庄梢」と名付けられた（実在の人物だが、おそらく仮名だと思われる）女性と小金井に引っ越す、という旨《むね》がちゃんと出てくる。

本庄は料理や掃除など、家庭的なことは何もできない女性だった。明子の見立てによれば「エキセントリックでだらしがない女。生活ということを甘く見ている女」だ。明子は料理の名人だったし、家事万端を有能にこなした。「助けてくれ、このままじゃ殺される」と明子に電話するくせに、その田村が若い女と一緒に引っ越す。明子はこれを「田村の作戦」だと考える。鎌倉にいれば、周囲がなにかと手助けしてくれる。周囲に知り合いのいない町・小金井なら、本庄梢が音を上げるだろうという読みだ。

事実、その後、本庄は去り、田村と明子は元の鞘《さや》に収まる。鎌倉の家は、もともと明子の持ち物だったのだ。

「酒」なくして田村なし

『荒地の恋』のなかで、本庄が明子を訪ねるシーンがある。このとき、明子は空き家になった鎌倉の家を取り戻し、北村と一緒に住んでいる。本庄はこう言うのだ。

「田村先生は、私といるとお酒を止めてくれないんです。お医者様から止められているのに、毎日毎日朝からずうっと飲んでるんです。このままだと先生は死んじゃいます」

長年の飲酒癖は目覚めてすぐ、「朝酒」に及ぶようになり、濡れっぱなしの日々が続く。酒のために何度か入院もした。入院の間だけ、アルコールが切れるからだ。

田村は五年連用日記（同じ日の記入が五年分、一ページに収まる）を愛用していたが、珍しく飲まぬ日は「ｄｒｙ」と記した。


世の中に、体質的にアルコールを受け付けない人がいて、飲み会などでもウーロン茶やジンジャエールをがぶがぶ飲んで飲ん兵衛とつきあっている。それじゃあ、つまらないだろうと聞くと、「もともと飲めないから平気。けっこう（この雰囲気を）楽しんでいます」なんて澄ました顔で言う。酔っ払って、あちこちのネジが緩んだこっちは、この澄まし顔に困ってしまう。自分がバカに思えてくるのだ。

晩年、酒のグラスが片時も手から離れなかった赤塚不二夫は、よく初対面の人にこう言った（宮崎克原作・吉本浩二漫画『ブラック・ジャック創作㊙話』秋田書店より。引用の際、句読点等は多少手を入れた）。

「よぉ、酒を呑めないと遊んであげないよ〜！」

あるいは「酒が呑めれば、たとえ十年早く死んでも、とても幸せな人生送れるぞ！」

これは、酒飲みの心中をみごとに突いていて、もっともだと感心してしまう名言だ。田村隆一もこれを聞けば、おそらく赤塚の手を握ってうなずいたであろう。

花柳界の料理屋を生家に育ったから、早いうちから酒に親しんでいたと思われる。ぼくが、わが酒神と遭遇するのは、昭和十五年の春あたりからで、下町の商業学校時代のクラスメートの小悪魔的な誘惑によって、ぼくよりも三、四歳上の大学生たちの詩的世界に没入することになる。詩の世界は、とりもなおさず酒神の世界だから、大学生たちのあとについて、新宿の居酒屋やバー（当時はスタンドと言っていた）をハシゴし、（中略）わが生家の日本酒的環境から脱出するために、小遣がつづくかぎりスコッチを飲んだ。（『ウィスキーに関する仮説』）

田村の詩作品や著作から、酒にまつわるものを抜き出すのは容易である。田村を代表する詩「言葉のない世界」の末尾の有名な二行はこうだ。

ウィスキーを水でわるように
言葉を意味でわるわけにはいかない

『青いライオンと金色のウイスキー』（筑摩書房）というエッセイ集もあるし、丸谷才一と井上ひさしが監修を務めたテーマ別アンソロジー集の『この金色の不定形な液体』（新潮社）という「酒」がテーマの巻は編者に田村が選ばれた。これは酒と田村の関係を示すほんの一例だ。

露地そのものが酒相

二十年前、ぼくが三十歳から四十歳にかけて、よく酒を飲みに行ったのは、神田神保町の裏通り。今の書泉グランデのまうしろ、三省堂と冨山房《ふざんぼう》の裏口に面した路地裏で、石畳のマメツぶりから推察すると、大正十二（一九二三）年の関東大震災以前からのもの。（『堅牢な十三階段』）

伝説の神保町「現代詩」裏通りである。今は石畳がアスファルト舗装に変わったが、この路地裏に向かい合わせにあった喫茶「ラドリオ」と「ミロンガ・ヌオーバ」は、驚くべきことに今も健在だ（現在「ミロンガ」はすぐ近くに場所を移した）。酒も飲めるタンゴ喫茶「ミロンガ・ヌオーバ」は、かつて「ランボオ」という名の酒場だった。その二階の一室に、かつて書肆《しょし》ユリイカ、昭森社《しょうしんしゃ》、思潮社と、詩関係の出版社が巣食っていたのである。電話は共有、机一つだけという、個人出版社であった。

まだ若き戦後詩人たちが、この「現代詩」を作る部屋に入れ代わり立ち代わり通い詰めたのだ。二階へ上がる階段は不吉にもちょうど十三段あった。顔を合わせれば、酒ということにならざるをえない。

それが正午だろうと、夜の十時だろうとたちまち乾盃ということになって、めいめいがワリ勘で酒代を出すと、近くの酒屋の小僧がピーナツと安ウイスキーをとどけにきて、そのうち、学者、製本屋のおやじ、新聞記者などが飛入りで仲間にくわわると、大宴会になって、よくあれで、床がぬけなかったものだと思うくらいで、むかしの木造建築の堅牢さに、ぼくは舌を巻くばかりである。（前掲文）

そして酔っぱらって、十三階段からころがり落ちる者が続出する。なかには肋骨《ろっこつ》と脚の骨を折った者もいたという。酒で現代詩史が作られていった。

続いて田村はこう書く。

「あのころは元気があった。あの露地そのものが酒相なのだ」

詩人だから、なんだかんだと理屈をつけて、とにかく飲むのである。

「ぼくの遊覧船」という詩の一部を引く。

ぼくの船には櫂《かい》がない
むろんエンジンだってついてない
帆はやぶれ櫂は流れて
二日酔
船も酔ったがぼくも酔う

酔ったところでしれている
ランボーの酔どれ船とは大ちがい

朝酒はやめろよ

「荒地」時代からの仲間中桐雅夫が「『景清』から『海ゆかば』まで」という文章でこんなことを書いている。「荒地」の詩人で、共通の友・木原孝一の葬式の帰り、藤沢市の駅前の舗道で田村を目撃する。ということは一九七九（昭和五十四）年だ。九月八日の午後五時過ぎのこと。田村は酔っぱらって寝そべっていた。通行人が軽蔑するように、ちらっと（偉い詩人だとは知らず）見て通り過ぎる。中桐はそのそばに立ちながら思うのだ。

「こんな時刻に、こんなに酔うのは朝から飲んでいたに違いない。田村よ、人生痛苦多しといえども、朝酒はやめろよ」

一九七九年は「荒地の恋」事件の渦中にあった。

しかし、中桐だって人のことは言えない。同じ文章で、「わたしは昨年八月の末、二日間にわたるウィスキーの飲み過ぎで急性アルコール中毒になり、死にかけた。いや、一時は死んだ」というのだ。その知らせを「死んだ」と早合点して聞いた田村は、鎌倉の自宅にいて「いあわせた男たちに対して、『おい、中桐が死んだ。〝海ゆかば〟をやろう』といって合唱した」。もちろんこのときも酔っぱらっていたと思う。

どっちもどっちじゃないか。

中桐は田村より四つ歳上。この文章を書いたあと、四年後に逝去する。六十三歳。あまり長くは生きられなかった。酒のせい、とは言えぬまでも、酒が寿命を縮めたということはあったと思う。田村は七十五まで生きて、食道がんで死んだ。不摂生の割には、長く生きた。

「酒が呑めれば、たとえ十年早く死んでも、とても幸せな人生送れるぞ！」と言い放った赤塚不二夫は、二〇〇二年四月（六十六歳）に脳内出血で倒れ、入院し手術。命はとりとめたものの、意識不明のままベッドに横たわる。事実上、漫画家生活はこれで終わった。息を引き取ったのはさらに六年後の八月二日。

ウイスキーにしようか
ジンにしようか
ジンは孤独な酒だというから

一人旅ならジンがいいかもしれない
ぼくらの旅は
荒廃の国からはじまって荒廃の国へ
帰って行くのだから
夜汽車の車掌が悪夢を見ないために新しい悪夢を見る
ウイスキーのほうがよさそうだ
（「破壊された人間のエピソード」より）

詩人の平林敏彦が書いているが、田村は「荒地」の主要メンバーである、木原孝一、黒田三郎、中桐雅夫、鮎川信夫、北村太郎、三好豊一郎《とよいちろう》を見送って生き残った。先に逝《い》ける奴は、まだ幸せなのである。これでは飲まずにいられなかっただろうとも思う。

恐怖の研究

田村隆一について語り易い切り口はいくつかあって、「女性」と「酒」についてはすでに触れた。あと「旅」「都市」「銭湯」「ミステリ」「荒地」など幾つか手札は残っている。しかし、ここでちょっと困難なテーマに手をつけようと思う。それが「恐怖」だ。田村隆一の詩や文章を読んでいて、どうしても気になることなのだ。このことはあれこれ考えても、ひょっとしたら着地点は見出せないかも知れない。結論にたどりつく自信がないのだ。

それでもとにかく始めてみようと思う。

「恐怖」にこだわる根拠は「恐怖の研究」という詩にある。思潮社の現代詩文庫『田村隆一詩集』（一九六六年）に収録された非常に長い詩。全部で10連から成り、最初が「10」で、以下だんだんと数字が減っていくという形式が取られている。最後は「0」。フィルムを巻き戻すように読んでいく感じになるのか。とにかく長いため、全部を引くわけには行かない。とりあえず「10」の最初と最後の部分を紹介する。

10
針一本
床に落ちてもひびくような
夕暮がある
卓上のウィスキーグラスが割れ

おびただしい過去の
引出しから
見知らぬカード
不可解な記号
行方不明になってしまった心の
ノートがあらわれてくる
これは
光りと影の世界
（中略）
なめらかな皮膚の下に
死んだふりをしていた心があらわれる
窓がひらく
乱暴な音をたててドアがあき
だれかが出て行く
あるいは
だれかが入ってくる

最初の三行「針一本／床に落ちてもひびくような／夕暮がある」のみごとさはどうだろう。「そんな時は、静かに夜を待ち、ウィスキーグラスを傾けよう」とでも続ければ、ウイスキーのＣＭコピーにそのまま使えそうだ。田村隆一は、こんなスタイリッシュな詩行を作品に忍び込ませる名人だった。注文をつけるとすれば、巧過ぎるというぐらいか。

私にはこの作品を鑑賞する力などない。このあと、「領土」「城塞」「王」が飛び出してくるかと思えば、アンリ・ルソーやボードレールなど固有名詞も招喚される。イメージが噴出し、そのなかで、「死」や、「眼をえぐりたまえ」「耳を切れ」というような残虐な表現が挿入されていく。前へ前へイメージだけで進んでいくため、ある種のスピード感があり、読者を立ち止まらせない。非常に整った美しい詩でもある。「7」の「かれらは殺到する／かれらは咆哮《ほうこう》する／かれらは略奪する／かれらは陵《りよう》辱《じよく》する／かれらは放火する／かれらは表現する」というリフレインの畳み掛けは、文脈では「革命」を意味するようだが、同時に「戦争」もイメージさせるのだ。

しかし、田村自身の戦争体験は、恐怖そのものとは直接結びつかない。学徒動員で滋賀海軍航空隊に中隊長付き予備少尉として入隊するも、戦闘体験はなかった。「海軍を選んだのも、直接人を殺さなくてすむと思ったからだ。軍隊の中でも『お前がいると士気が落ちる』と言われるくらい、性根は据えずにやってきた」（石村博子『東京伝説』毎日新聞社）。

「恐怖の研究」と題されながら、「恐怖」という言葉は一カ所たりとも使われていない。すべては、くり返し登場する「一本の針」に収斂されていく。

「それは／一本の針の尖端／無名の星の光りにひかる針の先端」（「6」）

「針一本／おちているところ／光りはどこからでもくる」（「4」）

「針一本あるところ／沈黙がある」（「1」）

「針一本」とは何の象徴か？　詩を読む力のない私でも、それは「恐怖」だ、と言うしかないだろう。裁縫をしていて、手違いから床にころがった一本の針があるとすれば、現実的に、その存在は「恐怖」となる。マッチ棒やクリップのように、同じ小さく細い存在でも、まあそのうち出て来るだろうと思えるものではない。その場ですぐ探し出さないと、誤って足の裏に突き刺されば……。あるいは誤って幼児が飲み込めば……。

そんなふうに詩に出てくる言葉を、日常生活に置き換えて意味付けするのは間違っているかもしれない。それでも、田村の詩における「針一本」は、恐怖という感情を象徴するのに、これ以上うまい選択はないような気がする。

田村における「恐怖」の正体とは何であろう？

落ちる

田村の詩に（と言って、すべて目を通したわけではない）、わりあい簡単に見つかる共通した表現に「落ちる」がある。ちょっと実例を拾ってみようか。

たとえば最初の詩集『四千の日と夜』（一九五六年、東京創元社）所収の『幻を見る人』。いきなり「空から小鳥が墜ちてくる」で始まる。その少しあと「空は小鳥のためにあり　小鳥は空からしか墜ちてこない」とあり、ふたたび「小鳥が墜ちてくるからには高さがあるわけだ」とくり返される。作品の後半、「一時半／非常に高いところから／一羽の黒鳥が落ちてきた」と念を押すように、同様の表現が使われている。

四つ目の引用の詩行は、先行する三つより「一時半」「非常に高いところから」「一羽の黒鳥」と、イメージがより狭く限定されていることに気づく。「墜ちる」は「落ちる」と表記が変わっている。

同じ詩集の『にぶい心』にも「空から落ちてきたとしか思えない／あかさびた非常

梯子をよじのぼり」がある。
詩集『言葉のない世界』(一九六二年)所収の『星野君のヒント』では次のごとし。

「なぜ小鳥はなくか」
ふかい闇のなかでぼくは夢からさめた
非常に高いところから落ちてくるものに
感動したのだ

『田村隆一詩集』(一九六六年)所収の「腐敗性物質」には「すべてのものは行く/すべてのものは落下する/われら/ふるえるものすべては高所恐怖症」という注目すべき詩行がある。この詩は、「秋の光りのなかに/魂の色のなかに/われら盲《めし》いたるものすべては/落下する」で閉じられるのだ。

これは何だろう。「追いつめられた鹿が/断崖から落ちて行く写真を見たことがある」(『螺旋状の断崖』)という表現もあり、とにかく田村がくり返し詩のなかで、こだわったのが「落ちる」イメージであったことはこれで間違いない。これを「恐怖」

と直結させるのは短絡すぎるだろうか。「腐敗性物質」には「高所恐怖症」という言葉もある。

高いところから落下する。目前まで死を直視しながら、地面に叩き付けられ息絶える。これは「死」のもっとも具体的なイメージである。田村隆一が実際に「高所恐怖症」であったかどうかはわからない。たぶんそうだったろうと思う。「恐怖」という感情をとことん見つめ、追究することで、田村の詩の世界は生成されていった。それは田村隆一の「根源」でもあったのだ。

垂直人間

しかしそれより前に「死」を具体的にイメージするために、「落下」にまつわる表現がくり返されたことは疑いない。もともと、田村は「垂直」に憑かれた詩人だった（丸谷才一の指摘あり）。

代表作『立棺』では「わたしの屍体を地に寝かすな／おまえたちの死は／地に休むことができない／わたしの屍体は／立棺のなかにおさめて直立させよ」と書いた。普通なら寝かされて、穴の中へ埋められる棺桶を、横にされることを拒否し、「垂直」

にこだわった。

『言葉のない世界』では「言葉のない世界は真昼の球体だ／おれは垂直的人間」と宣言している。「おれは水平的人間にとどまることはできない」と言うのだ。じつに不思議な認識である。詩人特有の感受性と言えるだろう。もちろん、「落下」も田村の詩世界において「垂直」と同じイメージに属する言葉である。

生まれてから死ぬまでの一生を、たとえば短時間で表すとしたら「落下」であろう。その場合、描く軌跡は「垂直」になる。単なる言葉遊びではないか、と批判されても、私は田村の「恐怖」の底に、この墜落死のイメージがあったような気がする。

吉本隆明の指摘（「田村隆一についての覚え書」）によれば、「田村隆一はひとくちに『雨』の暗喩《あんゆ》の詩人として、おおきな影響を与えてきたとおもう」と言う。たしかに、吉本が引用するごとく、田村隆一は「雨」を詩の中に描いてきた。

「十月はわたしの帝国だ／わたしの死せる軍隊は雨のふるあらゆる都市を占領する」（『十月の詩』）

「包帯をして雨は曲っていった　不眠の都市をめぐって」（『秋』）

私が言わんとするところはもうおわかりだろう。「雨」も「落下」のイメージの具体的産物である。吉本は、田村の詩における「雨」は、「しとしとと降る空からの水滴ではなかった」、「出生の無意識を文明の形而上学にまで啓示してみせたキイ・ワードとしての詩的言語であった」と難しい理論を振り回している。こうなってくると、もう私には詩がわからない。

しかし、ふる雨が空から地上へ落ちてくるものであることは間違いなく、「落下」のイメージがここで強く認識されていることは疑いようもない。再三くり返された「落下」の暗喩に隠されたものは「恐怖」であるとともに、その感覚は一種の「甘美」を伴っていたとも思うのだ。落ちることは怖いことであるとともに、というより、怖いがゆえに快楽をもたらす。そうでなければ、何を好き好んで人はジェットコースターに乗るだろうか。

田村は詩を書く上で、もっとも怖い「落下」のイメージに何度も近づいて行った。**恐怖から逃れるため、言語表現に結晶させることで昇華させた、**とも言えるのである。

銭湯を知らない子どもたち

考えたら、私は二十歳で一人暮らしして以来、三十二歳で上京するまで、ずっと風呂なしの住居にいた。下宿、アパートと形態は変われど、銭湯へ通う生活が平成に変わってもしばらく続いたのである。

埼玉県戸田市の風呂付き物件に住むようになってからも、自分一人のためにいちいち風呂の水を抜き、浴槽を洗い、湯をためるのが面倒で、時々は銭湯へ行った。バスタブがせせこましく、でかい体（百八十センチ近くある）を窮屈に折って入るのもイヤで、思い切り手足を伸ばして湯に浸かりたいという気持ちもあった。浅草の「蛇骨《じゃこつ》湯《ゆ》」（二〇一九年五月廃業）のように、わざわざ銭湯が目的のためだけに訪れたこともある。

しかし、みるみるうちに都内から、この二〜三十年ほどの間に、銭湯は姿を消して行く。私が上京した一九九〇年、都内に千八百七十六軒あったのが、二〇二一年には四百八十一軒まで減少している。これはもちろん、家風呂の普及による客の減少と、重油高騰や人手不足が原因だろう。その代わり、スーパー銭湯と呼ばれる、巨大な入浴施設が増えつつある。しかし、これらはもはや「銭湯」とは呼びがたい。

「戦争を知らない子供たち」というヒット曲をもじって、よく「銭湯を知らない子供たち」と言われるが、数字から言えば、もはやそれが大勢を占めるはずだ。人前で裸になるのがイヤで、修学旅行で大浴場に入るのに、海水パンツを着用して入る男子生徒がいる、と聞いたのはもうずいぶん以前のことだ。

私が子どもの頃の記憶で言えば、昭和三〇年代、まだ体に彫り物をした人が普通にいて、驚いたことがある。ヤクザというわけでもなく、職人や色町で働く人で、背中や腕に刺青《いれずみ》をする習慣が残っていた。また、走り回ったり、体を洗わないで湯舟に入ったりしたら、叱る大人がいた。また、銭湯から出て、古本屋や貸本屋（もしくは両方の兼業）へ寄って、本を買う、借りるという習慣もあった。縁台で手拭いを肩に将棋する風景だって見られたのが昭和三〇年代であった。

「銭湯」の存在意義は、ただ家風呂以外の、公衆が共同で使用する風呂にお金を払って入るという行為だけにとどまらない。その消滅は、前後の時間の使い方、あるいは風呂の中でのマナーなど、付随した文化というものも消し去ったのである。

銭湯「コミュニティ」説

田村隆一が「銭湯」を偏愛し、くり返しそのことについて書いたのも、単に風呂へ入るのが好き、というだけではなかった。「随舌《ずいぜつ》　風狂風呂」という談話をまとめた一文があり、これが「銭湯」賛歌になっている。

曰く「とにかく風呂がすきで、よくビニールの袋に石けんとタオルを入れて歩いてました。銭湯をみるとすぐ入りたくなっちゃうんだなあ。昼はガラガラでしょ、だから友だちに会ったら、銭湯へ入っちゃうんですよ。裸のつきあいっていうか、ゆっくり話が出来るし、あがって冷たい牛乳でも飲んでれば、喫茶店にいくよりよっぽどいいんです」

同様のことは他でも語っているし、書いてもいる。あるいは、こんなことも……。

「『まだ、このあたりの町のセンターは、銭湯らしいですよ。柴又へ行ったら、一風呂浴びましょうか』とS君が大真面目な顔つきで言う。かつて町内という日本的コミュニティの中心だった銭湯も、東京が『都市化』するにつれて、その中心部から姿を消しはじめ（中略）」た。「銭湯の消滅は、肉声を超えた情報によって操作される非人称的『灰色』の社会の出現である」（「ぼくの十二ヶ月」）とも書く。

「銭湯」を「町内という日本的コミュニティの中心」と位置づけている点が重要で、おそらく田村隆一の銭湯論の急所がここにある。かつて、個人営業の居酒屋、古本屋、煙草屋、酒屋、喫茶店、そば屋などと並んで、町内の者が顔を合わす場として「銭湯」もあった。しかも、制服も背広も脱いでの裸のつき合いだった。

銭湯の湯舟で「どうも」と挨拶し、「どこの誰だったかなあ、たしかに知った顔だが」と思案して、脱衣場で服を着たのを見て「ああ、おまわりさん！」と気づいた、などという四コマ漫画を読んだことがあるが、身分も序列も職業も関係なく、同じ湯に浸かる。それが貴重だし、おもしろい。田村隆一も湯舟の中では「詩人」ではなく、一「私人」であった。

とにかく、**これだけくり返し、銭湯のことを語り、書いた詩人はおそらく田村隆一以外にはいないだろう。**ついには『ぼくの憂き世風呂』という、丸ごと一冊「銭湯」の本まで出してしまったほどである。

同著は一九八〇（昭和五十五）年に集英社から刊行。集英社文庫に収録される際、新たに「東京人」掲載の「大塚は雨だった」がタイトルを改め増補された。単行本、文庫とも、今は古本屋で見かけることは少ない。もし見つけられたら、買っておかれることをおすすめする。

湯をうめて怒られた吉本隆明

『ぼくの憂き世風呂』がおもしろいのは、銭湯を論じた文集というのではなく、毎回ゲストを迎え、各地の銭湯へ入ってから対談するというスタイルを取っていることだ。目次をすべて挙げておこう（ほかに銭湯についての文章二本が巻末につく）。

町のなかの人（浜松・巴湯と小沢昭一）
坂（谷中・菊の湯と吉本隆明）
橋（大阪・天満温泉と小松左京）
肉（浅草・大黒湯と佐多稲子）
団子（葛飾柴又・帝釈湯と山田洋次）
木（深川・澤の湯と伊東光晴）
菖蒲（田園調布・富士見湯と三浦朱門）
鳩（向島・松の湯と木の実ナナ）

なんとも魅力的な顔ぶれだが、田村隆一を含め、多くは故人となっている。また、今回「グーグルマップ」というサイトほかを使って、ここに登場する銭湯が現存するかどうかを検索したが、私がチェックしたかぎり、いまでも営業を続けるのは「浜松・巴湯」ただ一軒のみ（二〇二二年二月廃業）。惜しいのは「向島・松の湯」で、調べによると二〇一四年九月に廃業したばかり。私は、かつて遊郭のあった（しかもその名残りを留める）「鳩の街通り商店街」を何度か訪れている。地図で確認すると、

「松の湯」は商店街沿いにあったようだ。その気になれば、じゅうぶん間に合っていたのだ。

「谷中・菊の湯」もいまは消滅。「谷中」周辺は、「一箱古本市」という路上で素人が古本を売るイベントが毎年開催されており、私も第一回目からしばらく参加、ついでに銭湯へも幾つか入った。「やねせん」と総称される「谷中・根津・千駄木」は、もともと銭湯の多いエリアだった。いまや、なんとか健在なのは西日暮里駅から近くの「富来浴場」ぐらいか（二〇二〇年三月廃業）。「初音湯」「朝日湯」「鶴の湯」などは入浴済み。どれも下町の銭湯らしく、湯がめちゃくちゃに熱いのが特徴。湯に浸かってゆったりした記憶がない。

谷中の銭湯が熱い件に関して、近隣エリア（本駒込三丁目）の住民である吉本隆明の証言がある。「ぼくは赤ん坊をつれて、銭湯には日参しました」と言うが、ひょっとして、この「赤ん坊」とは「吉本ばなな」であろうか。とにかく、「お湯が熱いので、つい、水の蛇口をひねり」、そこだけ冷ましていたら、「となりのおっさん」に怒られた。私も同じ経験をしている。吉本隆明は、ついに「おっさん」と言い合いのケンカになったそうだが、それも含めての「銭湯」。パブリックスペースならではのことなのである。

銭湯廃れば人情廃る

吉本隆明とは、男同士同じ湯舟に浸かったようだが、相手が女性の場合はそうはいかない。「向島・松の湯」では木の実ナナとご一緒。木の実ナナは「鳩の街」出身者で、しかもそのことを隠さない。気風《きっぷ》がいいのだ。

この回でお湯に入ったのは田村だけ。商店街の天ぷら屋「三平」で、ナナと待ち合わせ。毎回、風呂のあとに一杯、というのも田村のことだから当然だ。ここで田村は、ナナ相手に壁画の談義。女湯は遠くに富士山がかすむ湖の図。「男湯は？」というナナに対し「信州の山だった。八ヶ岳かもしれない。夏の積乱雲がモクモクと沸いていて、前景には、赤い屋根と白壁のモダーンな別荘。これまた、寺島とはおよそ縁が遠いんだ。やっぱり鳩ですよ、ピジョンの町」。おもしろいのは、女湯との仕切り壁。「松の湯」はなんと「温泉の岩風呂で、三人の美女が沐浴《もくよく》をしている図」が描かれてあった。やっぱり色っぽい町なのだ。

ところで、「ぼくの銭湯論」なるエッセイによれば、若い知人が近くの銭湯へ行ったところ、脱衣所のエアコンにかかったカバーに「仁義廃れば銭湯廃る／銭湯廃れば人情廃る／詩人　田村隆一」と印刷されてあったという。「著作権侵害ですよ」と言う知人の声に、エアコン会社へ電話してみたら、「電話でご承諾をいただいたはず」と担当者は言う。田村は酔っぱらっていて、そのことを忘れていたのだ。

同文には、田村が銭湯通いを始めたのは、東長崎の六畳一間のアパート（風呂無し）に住んでいた頃からだという。「東長崎」とあるが、これは利用していた駅名で、住所は新宿区西落合。だから一九六五（昭和四〇）年のことだ。今なら、その後に開通した都営大江戸線「落合南長崎」駅の方が近い。

田村は当時四十代初め。一九六三年に詩集『言葉のない世界』で高村光太郎賞を受賞していたが、定職はなく、都立大の非常勤講師で食いつないでいた。「金は無いしヒマだけある」という生活で、「ヒマつぶそうとすると銭湯しかない」と、あちこちの銭湯へ通うようになった。ある意味でぜいたくな時間ではあったが、気になるのは「喫茶店なんか不経済」で、銭湯の方が安くつくというニュアンスの記述だ。

一九六五年当時の銭湯の大人料金は二十八円と安い。戦後のモノ別物価の推移を教える週刊朝日編『戦後値段史年表』（朝日文庫）によれば、一九六五年のコーヒー一杯の値段は百二十円。たしかに喫茶店の方が高くつく。しかし、その後銭湯の大人料金はぐんぐん高騰し、二〇一四年には都内で四百六十円にもなっている（現在は五百二十円）。コーヒー一杯の値段（五百～六百円ぐらいか）とあまり変わらない。いや、チェーンのカフェでなら、一杯二百円強でも飲める。

中学生と小学生を持つ一家が今、銭湯へ入るとしたら、一回で千七百六十円かかる勘定になる（中学生は大人料金、小学生は二百円）。二日に一回としても、一カ月の風呂代が二万六千四百円！　風呂無しの物件に住む経済状況の一家にとって、これは痛い。少し家賃が上がっても風呂付きの物件を選ぶ方が経済的と言えるかもしれない。これは、ヒマつぶしに銭湯を利用していた田村にとって、思いも寄らぬ事態であった。

見知らぬ町で銭湯に

いつのまにか、銭湯へ行くことが「つかのまのぜいたく」に変貌していた。しかし、あえて言うが、家風呂がありながら、見知らぬ町を散歩している途中に入る銭湯は、やっぱり格別なのである。いや、家風呂に慣れた身であるからこそ、外出先で衣服を脱ぎ、湯に浸かる行為とその時間が、金では買えないものに思えてくる。

田村は「ぼくの銭湯論」で言う。

見知らぬ町に行ったら、まず銭湯に入ってみることですよ。つまり、銭湯は町を語るわけ。客の顔つき、マナー、言葉づかい、これが町のキャラクターを肉声で語ってくれるのだ。だから、あー、ここは職人さんの町だな、とか、サラリーマンの町、学生の町、漁師町ということが、具体的に分ってくるんです。

ただし、くり返すがこれは一九六五年に書かれた文章。都内にまだ二千軒以上の銭湯があった時代だ。学生は風呂無しアパートに住むのが当然のことだったし、肉体労働者など、汗や脂など体の汚れを落とし、疲れを取るためには銭湯へ行った。そういう時代には、田村の言うように町の様子が銭湯へ入ることでわかったかもしれない。

今はそんなわけにはいかないだろう。

私が思い出すのは、京都で学生生活を送っていた頃のこと。左京区の銀閣寺参道にあるお土産物屋の離れに下宿して、三カ所ほどの銭湯をローテーションを組んで巡っていた。京都ならではの光景に思えたのは、湯気の向こうに、近くの宿坊から通う若きお坊さんたち、大学で教えているのか、長い栗色の髪に口髭をたくわえた外国人、そして私のような貧乏学生など、異種混合の者たちが同じ湯舟で体を温めていたことだ。

もう少し暖かくなったら、田村隆一『ぼくの憂き世風呂』を片手に東京散歩を再開し、銭湯へも入ろうと思う。東京では大田区、江戸川区には五十軒近く銭湯が残っている。とくに大田区は、普通の銭湯料金で、真っ黒い湯の温泉を使った銭湯がいくつかあっておすすめ。

都市に生きる

私事になるが、私はこれまで田舎暮らしをしたことがない。生まれてこのかた、住んだのはすべて「都市」である。大阪に始まり、京都、滋賀、また大阪、そして上京し、埼玉、東京、神奈川、そして現在東京の西郊の街に暮らす。「都市に生きる」人生を送り、おそらくこのまま街で息絶えるであろう。

都市を代表するイメージと言えば、舗装整備された広い街路、発達した交通網、張り巡らされた高速道路、空を覆《おお》う高層ビル群、百貨店や遊園地、映画館、書店など充実した享楽的な施設。土や森の匂いは遠ざけられ、経済効率が優先する密集地帯だ。

私は都市が好きだし、流行りの田舎暮らし（菜園を育て、作務衣《さむえ》を着てそばを打つ、パンを焼いて売る）には多少の憧れはあっても、実現は不可能であろう。書店や古本屋、映画館、喫茶店、廉価で繁華な居酒屋などがないと生きて行けないからである。

しかし、こんなことはある。お台場に用事があって出かけた時、あのあたり一帯、東京湾から突き出た埋め立て地で、人工的に造られた都市だが、さまざまな商業施設、各種博物館、テレビ局などが建ち並んでいる。そのスケールがどれも大きく、駅前にも立ち食いそば屋、牛丼屋、個人商店などはない。私などは、そんな空間の通路を歩いていると、だんだん不安になるのだ。あまりに建物が巨大で、それに比して人間はあまりに小さい。ふだん歩いている街の縮尺比率からいって、人間の卑小が強調され、頼りない気持ちになるのだ。

机上に作り上げられた架空の未来都市があるとして、その中に、マッチ棒ぐらいの大きさの人形が模型として歩いている姿を想像してしまう。考え過ぎ、と言われるかも知れない。海外からの旅行者が多数、このエリアへ足を運び、楽しんでいる様子を見ると、自分が少し変なのかとも思うが、その違和感は消えない。

田村が詩やエッセイで扱う「都市」も、決して未来的な風景ではない。人が集まり、酒場で飲み語らい、銭湯に浸かる。そういう人間臭い風景を持つ装置として、「都市」のイメージが扱われている気がする。

田村が戦後、同人誌「荒地」を舞台に、モダニズム詩人として出発し、そこで題材にしたのは、多く「都市」であった。しかし、そこには必ず人の影が見える。

わたしは都会の窓を知っている
わたしはあの誰もいない窓を知っている
どの都市へ行ってみても
おまえたちは部屋にいたためしがない
結婚も仕事も
情熱も眠りもそして死でさえも
おまえたちの部屋から追い出されて
おまえたちのように失業者になるのだ

われわれには職がない
われわれには死に触れるべき職がない
わたしは都会の雨を知っている
わたしはあの蝙蝠傘の群れを知っている
どの都市へ行ってみても

おまえたちは屋根の下にいたためしがない
価値も信仰も
革命も希望もまた生でさえも
おまえたちの屋根の下から追い出されて
おまえたちのように失業者になるのだ

これは前にも引いたが、田村初期の詩『立棺』（詩集『四千の日と夜』に収録）よりの一部抜粋である。「都会」「都市」が二度くり返し使われているが、いずれも人の気配が背後に感じられる。

田村隆一は都市に生まれ、育ち、生き、さすらい、死んでいった。「都市」の詩人であった。二十世紀「都市」を意識したモダニズムの詩人、と言い換えてもいい。エッセイ集のタイトルに『ぼくの中の都市』（出帆新社）とつけるところからも、「都市」というイメージを意識していたのは明らかである。版元の「出帆新社」の代表・矢牧一宏は、かつて都市出版社という出版社にいた。これは、田村隆一編集長のもと第四号＋別冊まで作られた雑誌「都市」を出すために作られた会社であった。「都市」という言葉への強い好尚性《こうしょうせい》は明らかであろう。

ただ、田村が生まれ育った大塚が、「都市」と言えるのだろうか。田村の弁によれば、大塚は生まれた時、「東京府下北豊島郡字平松（現・大塚付近）というれっきとした田舎である」。「昭和七年にはわが『字』も『大東京』市民五百万という大都会になり、わが『字人』もめでたく編入され、小学生のぼくも、あっぱれ『東京人』になる」とおどけつつ、田舎者（「字人」）ぶりながら「都市」化される故郷を寿《ことほ》いでいる（『自伝からはじまる70章』）。

しかし、十歳年下になる種村季弘《すえひろ》（一九三三年生まれ）の頃はすでに、大塚はそんな鄙《ひな》の町ではない。「言葉という母胎に帰ってくる旅人」と題されたインタビューで、こんなふうに語っている。大塚は養鶏所があった。田村の祖父が鶏料理屋を始めようとしたのはそのため。種村曰く、「あのあたりは、昔は『儒者の棄て場』といって人の住まないところ」だった。もちろん江戸期から明治にかけての話。物書きは当時も食えない。かろうじて食えたのが「儒者」だった。田村がもし江戸期に生まれていたら、「儒者」であったかもしれない。……とまあ、これは余計な話。

種村の話を続けると、震災後、焼け出された芸者が大塚に流れ、一躍繁華街となる。「あそこは消費都市ですよ」と種村。王子へも下町へも早稲田方面へも行ける十字路のような街であり、「白木屋も髙島屋もありました」。種村は池袋に住んでいたが、武蔵野デパート（後の西武百貨店）しかなく、「西武沿線のお土産とか花の種を売っているようなところでなにもない」。だから、種村の家で買い物をする時は、大塚まで出かけたというのである。種村の古き大塚の記憶は、したがって大塚近辺から「字《あざ》」がはずれた以後の、大きく発展する時期だった。

田村の「都市」に対するイメージがよくわかる文章が、エッセイ集『土人の唄』にある。

「ABC」（あなただったら、どんな雑誌をつくりたいかの問答）

A　雑誌のタイトルは？

「蛇よ」にしたい。蛇のように慧《さと》くあれ、という聖書の言葉からのヒントを受けた。

B　編集方針は？

詩を中心とした都市空間の創造です。不幸にして、近代日本には、都市化現象はあっても、人間の生活をゆったりとつつみ、個人の内なる諸能力を活性化する「都市」を創造したためしがない。思想も詩も一過性のもので、ファッションにすぎない。ファッションですら、画一的で、個性とハーモニイに欠けている。戦後四十年しかたっていないのだから、戦後のひらかれた社会とその文化の花が開くためには、すくなくとも、戦前派、戦中派がこの世から消失しなければならない。せめて、都市空間を耕し、種子をまくのが先行世代の仕事だ。その仕事を、雑誌を出すなら、毎月、創刊号を出すつもりで、やってみたらどうだろう。

建物や道路、駅などの公共施設があるだけでは「都市」は造れない。そこに「社会」があり、人が生かされるからこそ「都市」が機能する。できれば、そこに「話」もあった方がいい。田村はそう考えていたのではないか。

最後に田村隆一の「都市論」を引く。

W・H・オーデンは云う「すなわち、名誉を重んじる人間が、必要とあらば、そのために死ぬ心構えをしていなければならない半ダースあまりのもののうちで、遊ぶ権利、とるに足りないことをする権利は、決して小さな権利ではないということである。」

夕方、農夫がするトランプ遊びも、詩人が食卓で書く詩も、共同体をはなれては不可能なゲームである。そして、ゲームであれば、ルールがあるだろう。そのルールやロゴスの自由を保証するものが共同体であり、そういう共同体こそ、農夫や詩人にとって、真の意味の「都市」なのである。したがって、経済効率と情報だけが支配する「都市」は、名誉を重んじる人間、つまり「個人」が生きることはできない。彼は、ホモ・ラボランス（労働人）であると同時に、ホモ・ルーデンス（遊戯人）でもある「個人」から「数」へ、つまり、無名の一員、消費者か生産者かに類別されて、「公衆」に還元されてしまうだけである。オーデンは、社会の巨大化と、マスメディアの異常な発達によって、シェイクスピアが描いた古代的世界には絶対に見られなかった現代特有の社会現象、キルケゴールが「公衆」と名付けた、奇妙な集合体を定義して、つぎのように云う。

暴徒は能動的である。それは粉砕し、殺し、自己を犠牲にする。公衆は受動的である、あるいは、せいぜい好奇心がある程度だ。それは殺しもしなければ、自己を犠牲にもしない。公衆は、暴徒が黒人をなぐりつけている間、あるいは警察がガス室に入れるためにユダヤ人を逮捕している間、傍観しているか、目をそらすかである。

詩人と都市の関係は、不可分というよりも文明としての有機的な関係である。詩人と都市とが有機的に結びつかない以上、ぼくらの文明は、詩人も都市も持たないことになる。

きみに食卓があるか？　夕方、トランプをしたり詩を書いたりする死者の食卓が？

※オーデンの言葉は中桐雅夫訳『染物屋の手』より引用。

田村は詩人と都市の関係を「文明としての有機的な関係」だと言う。詩人が生活するに足る文明が備わってこそ、都市は成立する。その中には「銭湯」や「酒場」など、人々が集うコミュニティや、合理化されない「路地」なども含まれていた。田村隆一という詩人が亡くなって、東京という都市も少し淋しくなった。

第六章

古今亭志ん生

貧乏を手なずける

＊古今亭志ん生（ここんていしんしょう　一八九〇～一九七三）

落語家。東京府（現在の東京都）生まれ。一九一〇年、二代目三遊亭小圓朝に入門し、朝太を名乗る。一八年、四代目古今亭志ん生門下に移籍、五代目古今亭志ん生を襲名するまで、十数回も改名する。戦前は酒や博打に溺れ、売れない時代を長く過ごしたが、戦後になって、その唯一無二の芸風が開花し、当代一の人気落語家になる。十八番は「火焔太鼓」「黄金餅」「文七元結《ぶんしちもっとい》」など。長男は十代目金原亭馬生（娘は池波志乃）、次男は三代目古今亭志ん朝。

落語の神様

古今亭志《し》ん生《しょう》と言えば、昭和の爆笑王である本名・美濃部孝蔵の五代目を指す。その後、名を継ぐ者もなく、依然、その名は落語界に光り輝くわけだが、一九七三（昭和四十八）年に死去しているわけだから、若い層では知らぬ人も多いだろう。むしろ、知っている方が珍しいという言い方もできる。私だって生の高座を聞いたことはない。もっぱらレコード、テープ、CDなどの音源からのみの志ん生体験である。

　だからエラそうなことは言えない。ただ、**志ん生を聞いたことがない人がいるとしたら、ずいぶん人生において損をしているぞ**、とは思うのだ。志ん生を聞いたことがある人生と、そうでないのとは、なにがしか差ができる。そう言い切ってしまいたい衝動にかられる。それほど、志ん生の噺《はなし》は素晴らしくおもしろいのだ。

　しかも、つねに並び称せられた名人・文楽を始め、三木助、可楽、圓生《えんしょう》、小さんなど昭和の名人とされる同業者と比べて、その生きかた、存在そのものが「落語」であったという点で、ほとんど唯一無二の人であった。

一人一冊で人物を語り尽くす『文藝別冊』に「古今亭志ん生」が入ったとき、副題は「落語の神様」とついた。最初、これを見たとき、志ん生と「神様」は合わない気がしたが、「落語」という芸の本質を究極まで押し広げた人としては、たしかに先に並べた名人上手ともまったく違う存在であった。

よく落語家の芸について、「うまい」「まずい」を言うが、描写の正確さを「うまい」の条件とするならば、「うま」過ぎる芸、「うまい」ことを目指した芸は、しばしば鼻持ちならなくなる。落語を、話芸の殿堂へ入れ、祀り上げることを私はよしとしない。「うまい」と言われて、おもしろくも何ともない人がいるが、そもそもそれを「落語」と言えるだろうか。

古今亭志ん生の、いかにも志ん生らしい数多いエピソードのなかで、もっとも有名なのが、高田渡の章で触れた、高座へ上がっていつのまにか眠ってしまうという奴。語りが途切れたかと思うと、スースーいびきをマイクが拾う。起こそうとする客に、別の客が「寝かせといてやれ」と声をかけた。喋らないで、寝ている姿だけで客は楽しみ、満足したのだ。

私だって高座で寝ている古今亭志ん生を見たい。

また、どうしてこんなに自由自在な落語家ができあがったのか。しかし、その道程は並大抵のことではなかったのである。

新婚の夜に女郎買い

『文藝別冊　古今亭志ん生』で「志ん生を知るキーワード12」として大友浩が挙げるのは、「酒」「貧乏」「女」「博打」「満州」「ぞろっぺ」「稽古」「皮膚感」「くすぐり」「なり形」「馬《ば》生《しょう》と志ん朝」「芸人一如」である。まあ、このうちの最初の二つ「酒」と「貧乏」が横綱クラスであろう。これなくして古今亭志ん生は語れない。

あとになって志ん生の名声をのみ知った人なら、若い時からずっと人気があって、活躍し続けた人だと思うかも知れない。しかし、そうではなかった。全盛期は意外に短いのだ。『志ん生一代』という評伝を書いた結城昌治によれば、戦後に満州から帰国したとき、すでに五十六歳で、「それから脳出血で倒れるまでの十五年間はまさしく志ん生の全盛だった。独演会はいつも満員で、客席でもつねに客を沸かせていた」(「世界」一九七八年三月号)という。

日本人の平均寿命の統計は、第二次大戦中に途切れて、戦後初の調査は一九四七

（昭和二十二）年のもの。この時、男女ともに初めて平均寿命が五十歳を超えた（男性は約五十歳）。ただし、戦死者や原爆投下や空襲による被害者数が統計に左右したはずで、単純には計れない。そうはいっても、この時期「人生五十年」という意識はあったはずで、志ん生全盛の幕開けが五十六とはどう考えても遅い。つまり、それまでは貧乏しっぱなしの人生だったのだ。

落語の演目に上方落語家・桂枝雀のために作られた新作「貧乏神」があるが、まさに志ん生は「貧乏神」に取り憑かれたような男だった。いずれも語りをまとめた自伝『びんぼう自慢』と『なめくじ艦隊』（ともに、ちくま文庫）は、貧乏話の投げ売りセール状態だ。

『なめくじ艦隊』の「まくら」では「あたしはこの世の中へ、貧乏するために生まれてきたようなもんで、若い時分から、貧乏てえものとは切ってもきれねえ深い仲で、さんざ貧乏してきたんです。一口に貧乏というけど、それにもピンからキリまである。あたしの方はそのキリの方なんで……」なんて書かれている。これは、もう一つの自伝のタイトルのごとく、まさに〝びんぼう自慢〟である。貧乏に嘆くのをはるかとおり越して、「自慢」の域に入っている。

『なめくじ艦隊』という、一方の自伝のタイトルも秀逸で、これは貧乏の末に住んだ貧民窟の長屋に、なめくじがたくさんいた（「艦隊」のごとく）ことに由来する。震災後、焼け跡に即製の粗末な家があちこちに建てられ、建てたはいいが、住む人がいない。そこで、家賃はタダでいいから住んでくれと、奇特な申し出があって引っ越すことになった。これが湿地帯に建つ家で、踵《かかと》までなめくじが食いつくようなひどい家だった。

志ん生は、震災以前の一九二一（大正十）年に三十一歳で金原亭馬きんの名で真打になってはいたが、これがすでに七回目の改名。生涯に十六度も改名した。翌二二年に、貧乏世帯を孤軍奮闘でやりくりした妻の「りん」と結婚。新婚のその次の夜に女郎買いにでかける夫だった。これぞ落語世界の住人である。

出産祝いはタイヤキの尾頭つき

小島貞二の「私の中の志ん生」によれば、じつはこの新婚時代こそが、貧乏のピークであった。少し長くなるが引用してみる。

〝酒〟をこよなく愛し、〝びんぼう〟を友達とした志ん生の、びんぼう時代のクライマックスは、本所業平《ほんじょなりひら》の〝なめくじ長屋〟時代が有名であるが、ほんとうのどん底は、その前の……あの関東大震災（大正12年9月）直後から、昭和5年に夜逃げ同様で、その業平へ引っ越すまでの〝笹塚〟時代である。

どのくらいのびんぼうであったのか、かなり具体的にきいてみたが、志ん生は多くを語ろうとはしなかった。古いことで忘れたというより、思い出したくない、触れたくない部分のように思われた。

そこで、おかみさん（りん夫人）にきいてみたことがある。

笹塚は、渋谷区西端に位置し、甲州街道沿いに広がる町。関東大震災後に急速に、バラックが建ち並んだところで、都心から焼け出された人たちが住みついた。同じ家にズッと住んだわけではなく、近所のあちこちを転々とした。家賃が払えないのが主な理由である。そのころ志ん生はちょうど寄席にしくじりがあって、ほとんど仕事もない。もっぱら夫人が仕立てもので稼いだが、時にはそのあずかりものを、こっそり持ち出して曲げて（入質）しまうのでずいぶん困った。志ん生もいろいろ売って歩く仕事もやってみたが、一つとして稼ぎにならない。

家でバクチをやり、このときはだいぶ勝った。あとでインチキだと勘付いた負けた連中が、改めて押しかけて来た。そのとき夫人は、とっさの判断で、花札を便所に投げ込み、ひっかきまわして、ことなきをえた。

馬生が生まれたとき（昭和3年1月5日）は、世話場（愁嘆場）のまっ最中で、産婆に払う金はもちろん、祝いの尾頭付きの魚を買う金もないので、〝鯛焼き〟ですませた。馬生が生まれて三人の子持ちとなってからの稼ぎはまさに夫人が大車輪で、昼は仕立てもの、夜は小料理屋へ働きに出る。その間、志ん生は、落語を一席口ずさみながら子守りをしていた。馬生は落語を〝子守歌〟として育ったのである。

子供に食べさせるため、夫人は食を抜く。その子供の食事というのも、食パンの耳だの豆だのが多く、裏の池から食用蛙を捕って来ては、塩焼きにすることなどが最高のぜいたくであった。

一度など、志ん生が病気のため、夫人が氷を買いに出かけた。子供を背負ったあまりのみすぼらしい服装に、巡査が不審に思ったのだろう、家まで付いて来た。

私は、買った家のローン、娘が通う大学の学費、種々の保険料と税金、必要最小限の生活費の支払いに、毎月ひいこらと追いまくられ、海外旅行はおろか、国内の温泉旅行さえ行けずに貧困を嘆く日々にいるが、大正期の志ん生一家に比べれば、大名の生活だと言えるだろう（その後、家のローンと娘の学費からは解放された）。

そして「なめくじ長屋」へ

志ん生は結婚したとき、下谷《したや》区谷中清水町（現・台東区池之端付近）の床屋の二階に間借りしていた。ところが、家賃がまったく払えず、大正十三（一九二四）年に田端へ越し、長女・美津子が生まれる。しかし、ここでも家賃を払えない。家賃なんぞは払わなくていい。つべこべ言うなら出て行くまでだ、と考えていたフシがある。『なめくじ艦隊』によれば「家賃がたしか三円五十銭くらい」。いまの物価に換算して、せいぜい一万円足らずの格安家賃だが、それさえ滞る生活だった。ついに大家から「これまでの家賃はいらないから、出ていっておくれ」と追い出されることに。そんなことを以後もくり返し、ついに家賃のいらない家にたどり着いた。それが「なめくじ長屋」であった。

志ん生が住んだ「なめくじ長屋」は、本所区業平橋一丁目十二（現・墨田区業平一丁目七番地）にあった。いま「東京スカイツリー」のある東武鉄道の同名駅から南へ下った、業平一丁目交差点近くの「本所税務署」あたりと考えていいだろう。

明暦《めいれき》の大火のあと、江戸幕府は隅田川の東側、本所深川周辺の市街地造成に着手する。このあたりは一面の湿地帯で、竪川《たてかわ》や横川を掘削《くっさく》して排水を図るとともに、掘削した土を掘り揚げて埋め立てた。江戸時代の埋め立て地は、深川もそうであるが、地盤が弱く湿気も多いため地価は安く、多く貧民が肩寄せ合って暮らす場所となった。

本所方面の貧民窟即ち花町、横川町、業平町、三笠町辺を一巡して見た光景を記すと実に彼等貧民の生活状態は世人の想像以上である、三畳一間に襤褸《ぼろ》又は薄縁を敷き家族五六人が昨今の寒気に薄汚ない単衣の重着して朝は日本米、昼は南京米、夜は焼芋などで漸く露の生命を繋いで居る、此の飯とても漸く二椀が関の山焼芋ならば、一人一銭位を食べて、それで夜は煎餅布団一枚に五人が転ろげ込んで寝ると云う有様を見ては是れで能くまぁ生きて居らるるかとさえ思われるのである。

（「東京時事新報」一九一二年十二月十二日）

もうこれ以上の下はない。あるとすれば地獄だけ。そこからさらに二十年以上、乏と低迷は志ん生に食らいついて離さない。貧乏はまるで、踵までに食いつく「なめくじ」のようであった。

加藤和彦が志ん生を聞いていた

人間なんて、ずいぶん窮屈な動物だと思うことがある。国籍や人種、あるいは身分に縛られ、法律に規制され、お金がなくては生きていけない。服も着なくちゃいけないし、視力が弱るとメガネも必要だ。歯医者にも通ったりして。しかも、長生きだと百歳近くまで生きなければいけない。一説によるとほかの動物なら、犬猫で十四〜十五歳、ゴリラが三十五歳、キツネが七歳、ハムスターなら三歳、だという。これだけめまぐるしくいろいろなことをこなした上での、人間の百年は長過ぎる気がする。

しかし、ときに古今亭志ん生みたいな人が現れて、その窮屈な壁を打ち破ってくれる。**いろいろ頭でっかちになって考え過ぎて、自分で作る壁を最初から作らないというか、生きる「幅」みたいなものを広げてくれる人**だと思うのだ。落語家という職業があって本当によかった。志ん生が軍人や教師、あるいは銀行員など何か他の商売について成功できるとは、とても思えないからだ。

古今亭志ん生ぐらい大きな存在になると、意外なところにファンがいたりする。二〇〇九年に自殺という終わり方をして、世間を驚かせたミュージシャンの加藤和彦もその一人だった。前田祥丈《よしたけ》が生前に試みたロングインタビューを元にした『エゴ加藤和彦、加藤和彦を語る』（スペースシャワーブックス）を読むと、京都生まれの京都育ち、というイメージがある加藤だが、じつは関東の育ち。生まれたのはたしかに京都だが、鎌倉、逗子と移り住み、小学校後半から高校までは東京日本橋にいた。「だから、なんか江戸っ子なんですよ」と言うではないか。そういえば、喋るとき、関西弁ではなかった。少年時、まだテレビが普及する前だから、もっぱらラジオを聞いた。落語がよく放送されていて、その中でも「古今亭志ん生が好きだった。いまだに好きだけど、中学生の志ん生好きっていうのもおかしいね」と語っている。

加藤と言えば、二度目の結婚で売れっ子作詞家・安井かずみと暮らし、ゴルフ、ファーストクラスでの海外旅行、ファッション、料理、外車とセレブを体現したことで知られる。日本人で、そんな暮らしができるのかと、あきれるほど優雅な生活を送っていたが、安井が若くして逝き、その後、再婚と離婚を経験した後、加藤は借金を抱え、いい暮らしが維持できなくなっていたようだ。

あげくに「うつ」となって、最後は自殺という幕引きをした。閉店まぎわのスーパーへ行って、半額になった食パンを買う。あるいは、昼は立ち食いそばで済ませる。我々にはそういう生活が普通にできるが、加藤には無理だった。一度味わった豪勢な生きかたとライフスタイルは、崩せないし落とせない。そのため追いつめられていったのではないか。

しかし、私は言いたくなるのだ。加藤よ、志ん生が好きって言うんだから、少しは志ん生の生きかたを真似ればよかったのに、と。**どんなに追いつめられ、どん底生活にあっても、志ん生は自殺をしなかった。**

落語を生きた人

志ん生が「名人」と呼ばれるようになったのは戦後の話。それまで、ずっと売れずに貧乏を続けた雌伏《しふく》の時代があったことは、先述の通り。結城昌治によれば、戦前、戦中の志ん生の楽屋でのあだ名は「死神」。それほど暗く陰気な顔をしていた。

昭和初年、文楽はとうに八代目を襲名してバリバリ売れていた。先代の柳好や金馬や正蔵、円歌、当代の柳橋も売れっ子だった（引用者注、いずれも先代の話）。十一歳下の金語楼も売れてきた真っ盛りだった。昭和三年『第二次落語研究会』が発足したが、彼はその会員にも加えてもらえなかったほど無名で、仲間から外されていた。
（『志ん生一代』）

芸人は人気商売である。陽が当たるのはほんのひと握り。「友が皆我より偉く見ゆる日」が延々と続く。いったいそのことが平気でいられるかどうか。昭和元（一九二六）年四月に古今亭馬生と改名して以来、昭和九（一九三四）年までに八度改名している。人気が定着し、人に名前が知られれば、とても考えられないことである。

寄席からはお呼びがかからない。無一文の生活。『なめくじ艦隊』で、仕方なく「納豆売り」をすることになった経験が語られている。納豆をたくさん仕入れて、外を売り歩くのだ。

「ところが、高座の上なら大きな声で言えるけれども、表へ出てはどうしても、その呼び声が出ない。いい調子でどなれないんですよ」

唐茄子が納豆に変わっただけで、志ん生もよく高座にかけた「唐茄子屋政談」そのままの話である。つくづく、落語世界を生きた人だった。

こんな話もある。同じく『なめくじ艦隊』から。珍しく赤坂の料亭から、余興で落語をしてくれという依頼があった。しかし、着ていく紋付と羽織がない。仕方がないので、大家に借りに行った。ところが、家賃が溜まっている。そこで、家賃を入れますからという約束で、大家の紋付と羽織を借りた。

無事、余興を済ませたはいいが、懐に久しぶりの温かいゼニ。つい飲んでしまう。飲めば気が大きくなり、家賃へ回す分も飲んでしまう。それだけではない。大家に借りた紋付と羽織まで質に入れてしまうのだ。

当然ながら大家からの催促がある。事情を説明すると大家はあきれた。そして「まあ、仕方がないから、家賃はあきらめるが、羽織と着物だけを早く返してくれ」と言った。

これなども、まるで落語にありそうな話ではないか。

志ん生の戦争体験

志ん生が遺したさまざまな貧乏にまつわるエピソードを読んでいると、人間、お金ぐらいなくたって、どうにか生きて行けると思えてしまう。お金がないどん底の、そのまた底が破れて下へ落っこちたようなありさまでも、志ん生は動じない。**なんとかなる、と覚悟を決めているらしいが、なんともならないこともあった。だからと言っ**

て、別に命を取られるわけではない。そう思った者は強いのである。究極の諦念だ。

そんな志ん生が、「死んだ方がましだ、早く死にたいとまで思いつめた」ことがある。それは戦争である。昭和二十（一九四五）年、戦争がいよいよ激しくなって、東京でも空襲を受けるなか、五月、三遊亭圓生と連れ立って、満州へ慰問旅行へ出かける。ほかに講談師の国井《くにい》紫香《しこう》、漫談家の坂野比呂志などが一行に加わった。満州へ慰問に出かける気になった理由というのがこれまたすごい。

「あたしが満州へ行く気になったほんとうの気持は向うへ行くてえと酒がいっぱいあるという話なんで、こっちは御承知のように呑み助ですから助平根性をおこしたわけですよ。全く東京は酒が不自由でしたからね」（『なめくじ艦隊』）

これほど不謹慎な理由で、あの戦争の中、慰問とはいえ戦地である中国へ渡った者はほかにいないだろう。志ん生の面目躍如、という気がする。

最初は、一カ月も向こうで落語をして、酒にたっぷりありつければ、また日本へ戻ってくればいい、と考えていたようだが、そうはいかない。かの地で迎えた敗戦をはさんで、一年半以上、帰国はかなわなかったのである。

新潟から船で五十時間かけて朝鮮の羅津《らしん》に上陸。宿に着いたはいいが、かんじんの酒がない。中国人の経営する飲み屋でやっと酒にありついた。あくる日は奉天。ここは酒がたっぷりあった、と『なめくじ艦隊』を読んでいると、酒の話ばかり。せっかくたどり着いた異国の地の風物も風景も、何も語られていない。

大連で終戦を迎える。しかし、日本へ帰る船がない。ソ連軍が進駐してくると言う。日本にいれば味わう必要のなかった苦難がここから始まった。一緒にいた圓生によると、ずっと泊まっていた日本館という宿を追い出され、行くところを失った二人は、どうにか観光協会の二階にネグラを見つけた。

ここでは食事が出ない。自炊、ということになるが、志ん生はメシも炊けない。仕方なく、圓生がメシもオカズも作った。「困ったときの相棒として、志ん生はまったく頼りになれない男でね」とボヤくのが、いかにも可笑しい。

金のない二人は、「二人会」と名付けた落語会を企画して、大連から満州へ稼いで回ろうと考えた。しかし、満州へ着いてみると、ソ連軍がすぐ目の前に攻め込んできて、青酸カリを飲んで自殺する女、出刃包丁を持ち出す男ありと、修羅場になっていた。とても落語どころの話ではないと思えた。

それでも会は開いた。すると八十人もの客が集まったのである。食わずに取っておいたトラの子の食べ物、酒を持ち出して、これが最後と覚悟をしての落語会であった。客の一人の言うことには「イヤ、どうせ死んじまうんですから、笑って死にたいと思いましてね」。

ぞろっぺい（だらしがなく、いいかげん）だった志ん生の何かがここで変わった。

笑いの取れない高座で

明日、死ぬかも知れない人たちを相手に、笑ってもらおうと挑んだ高座が、敗戦の決まった大連で開かれた。「笑って死にたい」という客を相手に、笑いを取るのは、志ん生、圓生ともに相当のプレッシャーだったろうと思う。

東京の寄席の多くは空襲を受けてつぶれ、やりたい落語もできない状況にあった。満州に空襲はなく、酒は飲み放題と聞いて、「ちょいと満州へ行ってくるよ」と隣町へ出かけるようにやってきた志ん生だったが、ことここに至って、芸人として最大の局面を迎えていた。

結城昌治『志ん生一代』によれば、悲壮な雰囲気のなか、まず圓生が台の上に上がり、「たらちね」を口演した。長屋のやもめ八五郎が、言葉の丁寧すぎる妻をもらった滑稽話だが、「一同はしゅんとしたまま、くすりともしない」。代わって志ん生が「王子の狐」をやった。若い女に化けた狐が、化かすつもりが、逆に人間に騙されるという話だったが、これもまた笑いを取れなかった。

結城は、波乱の中国体験の中の一エピソードとして、この場面をさらりと描いているが、私はこの体験が志ん生を変えたと思っている。死が確率として極限まで高くなった環境下で、その悲壮と緊張のもと、どんなに落語をうまくやったところで、客を笑わせることはできない、ということだ。この時、志ん生の心の内を計ることはできないが、いい加減な気持ちでやってきた中国で、初めて、酒以外で五臓六腑《ごぞうろっぷ》に沁《し》みわたる体験をしたのではないかと思う。おそらく、芸の上で、ある覚悟のようなものができた。

よく言われることだが、笑わせるより、泣かせることの方がたやすい。簡単な話、泣かせるだけなら、タマネギを剥いても涙は出る。これは生理現象だ。しかし、笑うという行為は、より高度な手管《てくだ》が要求される。バナナの皮に滑って転ぶ人を見ても、笑う人もいれば、笑わぬ人もいるだろう。

化粧もしない、衣裳の着替えもない。たった一人で複数の人物を描き分け、舞台装置もなく、しかも座布団の上に座って下半身の動きを縛り、手拭いと扇子の小道具だけで、人をドラマと感動と笑いに導く。**私は「落語」という芸を、さまざまな芸のジャンルの中で最高位に置く。その「落語」という芸で、全生涯を懸けて真髄に達した**

のが古今亭志ん生であることは、誰もが納得するはずだ。

悪いところを全部さらけ出した

「戦友」と言ってもいい圓生だけあって、さすがに志ん生の本質をずばりつかんでいる。インタビューで圓生が語った「志ん生八方破れ一代記」は一級の志ん生論。

圓生の見る志ん生は、人間としては「欠点だらけ」であった。

「もともと才能はあるのに、酒を浴びるように飲んだり、バクチを打ったり、どうしようもなかった」と散々な言いよう。しかし、その後をこう続ける。

「人間はズボラだったが、芸にウソはなかった」

この「芸にウソはなかった」という一点を守り続けたことで、芸人・志ん生の戦後の開花があった。何もかも四方八方に手を出して、それぞれ成功させる必要などないのである。〝一点突破〟だ。他のどんな職業、どんな人生でも同じことが言える。**他は全部がダメでも、少なくとも我が生涯に「ウソはなかった」と言えるとしたら、それだけで胸を張っていい。**

圓生はこうも言う。

「小さく固まらなかったから、いつかその芸がなんともいえない独特の芸風にふくらんでしまった」。あるいは「常識を欠いたことをしても、悪いとこ全部さらけ出してるから、心底にくめないんですな」。

落語国に登場する多くは、「常識を欠いた」、「悪いとこ全部さらけ出してる」人物である。志ん生の十八番ネタの一つ「妾馬《めかうま》」を聞くがいい。長屋暮らしの八五郎の妹・お鶴が、大名に見初められてお屋敷へ奉公に上がる。やがてお手つきになり、男子出産。世継ぎを生んだということで出世する。そこで、大名屋敷に招かれることになった兄・八五郎のドタバタを描く。大いに笑わせ、最後にホロリともさせる、まことによくできた話で、いろんな人が高座にかけるが一番おもしろいのは志ん生版だろう。

八五郎は典型的な江戸庶民で、真直ぐな気性を持つが、バクチに明け暮れ、すってんてんに取られ裸で暮らすような男だ。なにごとも格式張った大名屋敷で、ろくな挨拶もできない八五郎と、殿様との間を取り次ぐご家人・三太夫とのちぐはぐなやりとりが楽しい。

この八五郎こそ、まさしく「常識を欠いた」、「悪いとこ全部さらけ出し」たような人物。志ん生の演じる八五郎は、いわば悪いところだらけだが、聞く者の気持ちをなんとも柔らかくしてくれる。決して「にくめない」。**志ん生そのものが、落語の中で生きているから**である。常識的な社会生活からは、はみ出している。だからこそ、自由で伸びやかな落語の世界では、生き生きとしてくる。それをこれほどみごとに体現できる落語家はほかにいなかった。

「うまい」とは何か

よく「あの人はうまい」と言われる落語家がいる。しかし、その「うまい」とはどういうことか。「おもしろい」ということとは別なのか。これは難しい問題である。

聞いていて、場面が目に浮かぶ、というのは一つの基準になるだろう。くり返すが、落語はもともと着ている和服以外には衣裳をつけず（泥棒を演じる時も手拭いで頬っかむりさえしない）、一人で複数役（性別や階級差を含む）を演じ分け、基本的に座布団から立ち上がることもない。背景もない。それでいて、橋の上で人と人が言葉を交わしたり、植木屋が出入りの屋敷の縁側で、庭を見ながらご隠居といるなどのシーンが、まざまざと目に浮かぶ。

まさに、風景や人物が、目の前に現れ、動き出す。「うまい」と言われるための、これが落語家にとっての目安だろう。矢野誠一はこれを「描写力」と説明する。ところが、おもしろいことに、この「描写力」のテクニックについて、「どう考えても文樂や圓生の技術にかなわない古今亭志ん生の落語に、それ以上の評価が与えられている」と矢野は見る。名人・文楽（もちろん先代、ですよ）が、「明烏《あけがらす》」で甘納豆を食べる場面を、仕草を細かく演じてみせると、客は甘納豆が無性に食べたくなる。これは「描写力」のたまものであろう。

そういう意味では、志ん生が何かを食べるシーンで、印象的なものは思い当たらない。三木助は「芝浜」で、魚屋の〝勝〟が、明け方の芝の浜で、煙管《キセル》に一服つけるところを、その一連の仕草を懇切丁寧に描いてみせる。いかにもうまそうに煙草を吸うことで、朝の空気の清々しさまで感じられるようだ。しかし、志ん生の場合、そのあたりはひどくあっさりとしているのだ。

また、「文七元結」で、娘をカタに借りた五十両で、吾妻橋から身を投げようとする若い男を救う場面。左官の長兵衛が命を捨てるという男に、娘と引き換えに借りた大事な金をあげてしまう場面がある。「文七元結」のかんじんかなめとなる重要な場面で、ここをやり損なうと、話全体のリアリティを損なってしまう。いくらなんでも見ず知らずの男に、それを返さないと娘が女郎になるという五十両もの大金をちり紙のようにくれてやる、というのは無理が過ぎる。普通に考えれば、ありえない話なのだ。

だから多くの演者は、ここに独自の工夫をして、ありえない話を成立させるため、こってりと描く。具体的には、長兵衛の葛藤を細かく追って、どうしても手放さなければならない局面を作り出す。

不器用が持つ気高さ

古今亭志ん朝もそうだった。長兵衛の心理描写をやや長く時間を取って、やったのである。

最近、生で聞いた例で言うと、新宿「末廣亭」でトリを取った柳家花緑《かろく》の「文七元結」がやはり、志ん朝の演出を踏襲する「こってり」派であった。しかし、そうなると話が重くなる。もともと無理な話を、無理なく客に納得させようというのは、落語の本分だろうか。いや、志ん朝や花緑の演出こそ、「文七元結」を成立させている、という人もいるはずだ。ここから先は、考え方の相違、というしかない。

志ん生の「文七元結」は、このシーンをはるかにあっさりと切り上げる。ポイントは、ただ一つ。五十両はもちろんやりたくない。この金がなければ娘は女郎になるが死ぬわけじゃない。ところが、おまえは死ぬという。五十両が生と死を分ける。だから、やるんだ。その一点で話を成立させてしまい、志ん生は難所を切り抜ける。くどくど言ったって、どうせ、最後には金を若者に渡すのである。それなら、さっさとくれてやった方がいい、ということか。

しかし、これは誰もが真似できる演出ではない。「うまさ」とは別のリアリティを持ち合わせているか、が問われている。私は花緑の口演する吾妻橋のくだりを、ややくどいと見た。止めた長兵衛の手を逃れ、また飛び込もうとする。それを何度もくり返した。ここは「理」が勝ち過ぎている気がした。

息子の志ん朝は、親父・志ん生の芸について、「真似してもできない」と言う。「本人のね、経験とかを全部すくいあげたとこで、志ん生の芸はできてるんですよ。だから親父は手本にならない」。

技術は真似たり、また修錬で上達させることはできる。しかし、生きかたの積み重ねによって得た「経験」はどうにもならない。

昭和三十六（一九六一）年の暮れ、読売巨人軍優勝祝賀会に呼ばれた志ん生は、余興で落語をやったが、浮かれた選手達は聞こうとしない。挨拶だけでやめればよかったが、そこで芸人根性を発揮し、声を張り上げ、あげく脳出血で倒れてしまう。すぐ病院に運ばれ、昏睡状態が三カ月も続いた。ここで命がこと切れた可能性もあったのである。この一件だけで、私は巨人軍が嫌いである。読売ジャイアンツが好きで、志ん生も好きという東京人はたくさんいるだろうが、ここのところをいったいどう言い訳するのか聞きたいぐらいだ。

その後驚くべき回復を見せ、高座に復帰したが、半身不随の後遺症が残った。右手はほとんど利かなかったと言われる。奔放さが影を潜め、口舌こそ呂律《ろれつ》の回りが悪くなったが、志ん生の芸そのものに変わりはなかった。

矢野誠一『志ん生の右手』で著者は言う。

「なにを、どうしゃべっても『落語』にしておおせるだけの魔力」を志ん生は備えていた。それは「不器用な生き方の持つ、独特の美しさ、気高さ」であった。

志ん生の墓参り

このことをもっと早く書かねばならなかった。私はかつて、志ん生の墓を詣《もう》でている。しかも、愛弟子の、こちらも故人となった古今亭圓菊さん（以下、敬称略）と。

もう二十年近くも前になるか、雑誌の企画で取材させてもらった。圓菊の名は、志ん生が二つ目時代に使っていた芸名を継承した。入門は一九五三（昭和二十八）年。六一年末に志ん生が脳出血で倒れ、翌年高座に復帰したが、家から寄席へおぶったのが圓菊だった（当時、二つ目で「むかし家今松」）。六六年に真打昇進し、圓菊となるが、師匠をおぶった功労賞で真打になれた、などと陰口を叩かれた。

しかし、その後圓菊は、師とはちがう独自の芸風を築いて人気者となる。「花王名人劇場」で、「圓菊・枝雀」二人会をしたことがあるが、私が圓菊を知ったのはこれだ。枝雀と同じくオーバーアクションに特徴があり、東京落語にこんな人がいるのかと驚いたのだった。取材では、志ん生をおぶった時代を中心に話を聞いたのだが、私が志ん生の落語をよく聞いていることを知り、「それじゃあ、お墓参りをしましょう」と言ってくださったのだ。予定外のことであった。

取材場所からタクシーですぐ、志ん生の墓がある文京区小日向「還国寺《げんこくじ》」に着いた記憶があるから、あれは講談社の仕事だったか。最寄り駅は有楽町線「江戸川橋」。すぐ上を神田川が流れていて、これが昔の江戸川だ。神田川に架かる江戸川橋を渡り、すぐ東へ入っていくと「還国寺」がある。浄土宗の寺だ。

細かなことは忘れてしまったが、小日向台地の上がり端にある小ぢんまりとした寺で、参道は少し傾斜している。志ん生の入る「美濃部家代々」の墓は、立派な墓石だった。一番右が志ん生夫人。その次が志ん生。「松風院孝誉彩雲志ん生居士」と刻まれている。ポエティックでいい戒名だ。こうして「松風」や「彩雲」という言葉と一緒に並ぶと、「志」や「生」という文字が力強く見えてくる。

その左が長男・馬生（現在は谷中「長久院」に移葬）。まさかその次に、こんなに早く志ん朝の名が刻まれるとは、そのときは思いもしなかったのである。

「今でも、ことあるごとに墓を詣でる」と圓菊は言っていたが、この時も、長い間、手を合わせていた。そのときは気づかなかったが、これはぜいたくな体験だった。

この原稿を書くため、再度、志ん生の墓を訪ねた。車が轟音《ごうおん》たてて行き

交う音羽通りから、一本東へ入ると、そこは静かなエリアで、還国寺は静かに門を開いていた。少し坂を登った奥にある美濃部家代々の墓には、誰が手向《たむ》けたか新しい花と、カップ酒が置かれてあった。もっと早くに来ればよかった、と思いながら手を合わせた。

できないことの強さ

先に書いた、矢野誠一の志ん生評「不器用な生き方の持つ、独特の美しさ、気高さ」について、本稿を書きながらずっと考えている。「不器用」と言えば、その後、故・高倉健の専売特許みたいになったが、健さんは車の運転もすれば、馬も器用に乗りこなす。主演した映画「遙かなる山の呼び声」を見ると、トラクターも操れば、サイフォンでコーヒーを入れることもできる。なかなかどうして、器用なものである。もちろん「生き方」が不器用、という意味かも知れないが、しかし、結果としては成功者であろう。出演した映画のフィルモグラフィーを見ても、ほとんどが主役。任侠映画で名前が出て以後、健さんが脇に回った作品なんて、あったっけ？

いや、別に健さんを貶《おとし》めようというのではない。古今亭志ん生の「不器用」について考えたいだけなのだ。何しろ、落語と酒とバクチ（若いときは女郎買い）以外、ほとんど何にもしなかった、できなかった人だからだ。

スポーツ全般がまずダメ。志ん生がグラブをはめて、キャッチボールをするなんて、まず想像がつかない。自動車・バイクの運転もしなければ、自転車に乗った形跡もない。楽器については、三味線を爪弾《つまび》くぐらいのことはしたか。行楽としてハイキング、あるいは気晴らしに旅行をするということもほとんどなかったのではないか。

カメラもダメ。映画も積極的に見ないだろうし、レコードをかけて音楽を聞くなんてこともなかったはずだ。煙草は吸ったが、火をつけるのはライターではなくマッチ。息子の志ん朝がライターで煙草に火をつけるのを見て、「ナニを持ってるんだ」と聞き、志ん朝が「お父つぁん、これはガスライターのボンベだよ」と答えたところ、「そんな危ないものは捨てちまいな」と言った。と、これはどこで読んだエピソードだったたか。

それで志ん生の人生が退屈であったり、不便であったり、つまらなかったかと言うと、そうじゃないだろう。**便利を知らないから**、**不便だとも思わない**。何か新しいことを身につけようという気も、もともと持ち合わせていなかったと思う。どう考えても、志ん生がスマホを操ったり、ロケットに乗って宇宙へ飛び立つという図は、ぜったいに想像できないのだ。

あれもこれもできなかった。しかし、「できない」ことはしないために、「できる」ことへの集中力がすごかった。つまり、落語、酒、バクチである。これに持てる生命力をとことんつぎ込んだ。そうしてできたのが「志ん生」落語なのである。

玉川一郎を聞き手とした息子の馬生との対談で、志ん生はこんなふうに言う。

「あたしにはこの商売、適してるんです。自分に適したものてえものは、恐ろしいものですね。人のできないっていうものが、ワーッとできちゃう」

できないことを寄せ集めたような人間が、「人のできない」一点に賭けて、大成して、古今亭志ん生になった。ついでに志ん生について好きなエピソードを一つ。志ん生が勲四等瑞宝章を受章し、その知らせが電話で入った。電話に出た志ん生は「すまないけど、とどけてくれ」。それを聞いた息子の馬生は「父ちゃん、蕎麦をあつらえるんじゃないんだぜ」。この話、好きだなあ。

世の中思っているようには動かない

落語しかないと定め、細い道を切り拓いて大通りにした志ん生。落語の中に生きているような人生がこうしてできあがった。

志ん生最後の弟子となった古今亭志ん駒は、海上自衛隊出身という変わり種。「よいしょ」が巧く、「よいしょの志ん駒」と呼ばれている。「よいしょ」とは、相手に調子を合わせ、おだてたりお世辞を言って持ち上げること。考えてみたら、馬生、志ん朝が逝き、志ん馬、圓菊、志ん五も今は亡く、生き残った志ん生の直系の弟子は、志ん駒ただ一人ということになる（二〇一八年没）。

『志ん生最後の弟子 ヨイショ志ん駒一代』（うなぎ書房）という著作もある志ん駒は、一九六三（昭和三十八）年七月に入門。自衛隊の制服姿で一度入門志願するも断られ、二度目に再挑戦し、了承された。思わず志ん駒、自衛官時代のくせが出て敬礼したという。このとき、志ん生は前述の通り、巨人軍の祝賀会で倒れ、リハビリ状態にあった。

内弟子として入門した志ん駒は、しかし毎日、笑って暮らしていた。

たとえば外出のとき、リハビリのため、志ん生はなるべく歩けと医者に命じられていた。そこで夫人が声をかける。付き添いは志ん駒。

「父ちゃん、行ってらっしゃい、ちゃんと歩くんだよ」

「おう、わかったよ」と言いつつ、戸を閉めた途端、「負ぶってけ」と志ん駒に命じた。これではなんにもならない。

志ん生が、ある日、どういうわけかトカゲを飼おうと言い出したことがある。夫人に言った理由がふるっている。

「うめえもんをどんどん食わせて、でかくなったらおめえにハンドバッグを作ってやる」

それに対しておりんさん。

「父ちゃんが一番はじめに食われちゃうよ」

「じゃあやめよう」

このあたりの呼吸は、志ん生の十八番「火焔太鼓」の頼りない古道具屋主人と、しっかり者の夫人のやりとりそのままだ。

志ん駒の師匠・志ん生の思い出は尽きない。海上自衛隊時代の過酷な訓練の日々に比べたら、噺家の修業など「屁みたいなもの」と言うのだ。たしかにそうだろう。

こんな話もある。ある時、テレビ出演することになった志ん生に、志ん駒が付き添う。ところが、腹を下していて、出番直前にウンコをもらした。すかさず志ん駒は、汚れた猿股《さるまた》を脱がして、これをきれいに洗った。志ん生は仕方なく、テレビには猿股なしで出演したのである。ウンコで汚れた猿股を洗った弟子の功に対し、志ん生は二千円を渡した。現在の物価で一万円ぐらいの感覚か。

これに味をしめた志ん駒、その後「師匠、たまにはウンコをもらしてください」と言った。その答えが、まさしく落語だ。

「世の中君が思っているようには動かないよ」

言葉のセンスがばつぐんにいい。何だかギリシアの哲人が吐いた名言のように聞こえてくる。

志ん生邸跡を訪ねて

ところで、某日、本稿を書くために志ん生が晩年を送った日暮里の家跡を訪ねてみた。住所で言えば、西日暮里三丁目十六番地。谷中銀座から北へ路地を入った先、住宅街の袋地になった角と見当をつけて、JR日暮里駅から歩き出す。谷中から西日暮里にかけての一帯は寺町。本来は静かな里であったが、近年、テレビの散歩番組でひんぱんに取り上げられるようになり、一種の観光地化している。

佃煮で有名な「中野屋」、「谷中せんべい」など小売りの商店が並ぶ御殿坂《ごてんざか》を進むと、ストンと高低差のある石段「夕焼けだんだん」（地元の作家・森まゆみが命名）が見えてくる。この脇に建つビルの二階に「信天翁《あほうどり》」という古書店が入っている（二〇一九年二月閉店）。夫婦で経営している店だが、私はこの二人とは知り合い。ちょうどこの日は、店の前に、これから古書市場へ出品するための商品（古本）を積みあげていた。「こんちは」と挨拶し、少し言葉を交わす。

ここから夕焼けが素晴らしく美しく見えるという石段を下りると、そこから「谷中銀座」という商店街に入る。狭い通りの両側には、新旧の飲食、雑貨店などが建ち並び、平日だったが、この日も人出があって混雑していた。

人波をかき分けるように、交差する路地を一本入ると、嘘のように人出は絶える。普通にここで日々を送る人たちのエリアだ。志ん生邸はすでに建て替わって、偲ぶ面影はないが、たしかにここにあった、という地点を確認する。隣家で、家の外へ出ている女性がいたので、「ここにあった志ん生さんの？」と訊ねると「ええ、そうですよ」と答えが返った。「志ん生さん、歩いているところなど、御覧になったこと、あります？」と、なおも聞くと、「いや、それはちょっと……」と言葉を濁された。

考えてみたら、志ん生が亡くなってすでに四十年以上たっている。それ以後に、この場所に住みついた人なら、姿を拝むこともなかったわけだ。ちなみに、長男で噺家の金原亭馬生もすぐ近くに住んでいた。

志ん生邸について、長女の美濃部美津子が著作『おしまいの噺』（アスペクト）の中に書いている。昭和二十六（一九五一）年、道灌山（西日暮里駅西側）からここへ越して来た。志ん生の贔屓客《ひいき》の社長が、わざわざ建てた一軒家で新居だった。社長はあげたつもりだったようだが、譲渡の手続きに税金が発生するので、月々一万円という家賃を払っていたという。現在の物価換算で十万円くらいか。

『おしまいの噺』には、くわしい間取りまで書いてある。せっかくだから紹介しておこう。

玄関を入った脇に三畳部屋があって、台所の隣りにはお風呂場、そして庭に面した六畳と八畳が続きになった部屋。二階には二畳、六畳、八畳間がありました。今まで住んだ中で一番広い家だったわね。

湿地帯に建つ「なめくじ長屋」から考えると、大変な出世だった。そして、風呂付きだったにもかかわらず、前述の通り、弟子の志ん駒に負ぶさって、近くの銭湯「世界湯」へよく出かけた。この「世界湯」も、建物が老朽化し、いまはない（二〇一〇年二月廃業）。

志ん生邸跡の前の道を西へちょっと行った、西日暮里三丁目十三番地にかつて「世界湯」があったのだ。その前に立っていると、ちょうど配達をする六十年配の男性が通りかかり、「ここ、『世界湯』があったところですよね」と私から声をかけてみた。男性は、パッと明るい顔になって「ええ、そうです、そうです。志ん生さんが……」と言うので、「それで来てみたんです」と話がうまくつながった。落語に関心があると、それで思われたのか、次に出てきた言葉に驚いた。

「じつは私の弟が落語家なんです。三遊亭多歌介《たかすけ》（二〇二一年没）と言いまして」

なんと、噺家さんの身内の方だった。これも志ん生のお導きであろうか。

谷中銀座へ戻り、少し歩くと「越後屋」という酒店があった。瓦屋根の立派な店構えで、明治三十七（一九〇四）年創業で、年中無休で営業している。店頭に女将らしき老女が立っていたので、ここでも「志ん生」の名を出してみた。すると「ええ、うちによくお酒買いに見えられましたよ。志ん生さんはいつも『菊正』」と言う。なんだか、テレビ番組の撮りで、あらかじめスタッフが仕込んだような展開となった。

時間にして三十分ほどだが、おかげで、志ん生を濃厚に感じることができた。

思い悩むことはない

こうして志ん生のエピソードを引いているだけで、なんだか、心が晴れ晴れとしてくる。**日々の暮らしの中で、つまずき、思い悩み、絶望することもあるが、そんなこと、ウンコの話一つで、どうでもいいような気になってくる**のだ。

ついでに紹介しておこう。矢野誠一と小沢昭一の対談で、弟子の朝馬《ちょうば》(三代目吉原朝馬、一九七八年没)に志ん生が稽古をつけている際の話。朝馬は舌が短い。そのため、江戸落語における主要人物「八っつあん熊さん」の「八っつあん」が、どうしても「はっさん」になってしまう。「はっつあんって言ってごらんよ」と志ん生。しかし朝馬は「はっさん」としか言えない。そこで志ん生、思わずこう言った。「だめだお前、アラビアンナイトをやってるんじゃないんだから」

「はっさん(ハッサン)」から、「アラビアンナイト」を引き出す言葉のセンス。これはちょっと学校では、学べないだろう。

志ん生は川柳を多く残している。同じ五七五ながら、俳句と違って、季語やその他約束事に縛られず、諧謔《かいぎゃく》と風刺で日常を切り取るのが川柳のおもしろさ。いくつか志ん生らしい作を……。

耳かきは月に二三度使われる
気前よく金を遣った夢をみる
干物ではさんまは鰺にかなわない
言訳をしているうちにそばがのび
焼きたての秋刀魚に客が来たつらさ
ビフテキで酒を飲むのは忙しい
三助が着物を着ると風邪をひき

いずれも日常のささやかな場面に、人間らしい営みのおかしみをふと感じさせる句ばかり。**人間は何もしないでいても、本来滑稽な存在である。滑稽と思われることを恥辱と思う人は、それに抗い、精一杯、虚勢と見栄を張る。しかし、そのこと自体が、また滑稽であることを、志ん生は早くから見抜いていた。**そして、自分の稼業である落語に存分に生かした。

我々は、何もくよくよと思い悩むことはない。なぜなら、志ん生の落語があるからだ。

第七章

佐野洋子

徹底して「個」である

＊佐野洋子（さのようこ　一九三八〜二〇一〇）

絵本作家・エッセイスト。中国・北京生まれ。武蔵野美術大学デザイン科卒業後、白木屋宣伝部勤務を経て、ベルリン造形大学でリトグラフを学ぶ。帰国後、デザイン、イラストレーションなどの仕事を続け、絵本作家としてデビュー。エッセイストとしても活躍し、『神も仏もありませぬ』で二〇〇四年に小林秀雄賞、〇八年に巖谷小波文芸賞を受賞。絵本の代表作に『１００万回生きたねこ』などがある。

じつは、この本を単行本化した際のタイトル『人生散歩術』で、誰を取り上げるか、人選を始めた時、困ったのが女性だった。人生を力まずに、川面《かわも》に浮かぶあぶくのごとく、ふらふらと散歩するように歩む人たちの中に、女性の顔がなかなか思い浮かび上がらないのだ。

なぜだろうか？

私が本書で一貫して追いかけようとしている人物像は、フランス語で言う「ノンシャラン」。「無頓着でのんき、あるいはなげやりなさま」の訳語にあてはまる女性は、いるにはいるだろうが、すぐに思い付くのは圧倒的に男性の顔である。尾崎一雄『暢気眼鏡』の主人公は貧乏小説家で、一度結婚に失敗し、二度目にもらった若妻の「暢気」に助けられる。愛称は芳兵衛。「私」がそう呼ぶ若妻は、苦労しらずの天真爛漫、無垢な存在として描かれる「可愛い女」だ。「無頓着でのんき」ではあるが、つねに懸命に生きようとし、「なげやり」なところはない。「ノンシャラン」とも違うのだ。

難しいものだなあ、とあれこれ考えて、「人生の散歩術」上級者の系譜に連なる女性として、ついに思い付いたのが佐野洋子だった。佐野さんは違うでしょうと、多くの佐野洋子信者の女性たちによる一斉ブーイングを覚悟で、彼女の生きかたについて、私なりに考えてみた。

ヨーコさんの〝言葉〟

いつ頃から始まったのか、ある時気づいて、その時間、チャンネルを合わせるというより、たまたま見るという感じで視聴しているのがNHK‐Eテレで放送されている「ヨーコさんの〝言葉〟」という、たった五分の番組だ。これがいい。

内容の説明は、番組ホームページから拝借する。

「絵本の読み聞かせスタイルで絵本作家・佐野洋子さんのメッセージを伝えます。なにごとも感じたまま、飾らず、へつらわず、真正面から捉えるたたずまい。『ヨーコさん』の胸がすくような言葉で、元気と勇気がわいてくる5分間です。」

北村裕花の絵、上村典子の朗読で、毎回テーマを掲げてエッセイから抜粋し、佐野洋子の言葉が伝えられる。大人の絵本、といった趣きで就寝前のひととき、心をなごませたり、そうだそうだとうなずかせたり、しんみりさせたりする。こういう番組が増えれば、大人だって、もっと深夜にテレビを見るようになるぞ。

たとえば二〇一七年二月九日放送分は「第五話　正義というものが嫌いです」。いつの世も、自分こそが正しいと、他人を批判し、自分の考えを押しつけようとする人がいる。いや、これはたくさんおります。佐野洋子は子供を保育園に通わせている頃、黄色い車でマニキュアをしてミニスカートを穿《は》いていた。それを真面目な母親たちから糾弾《きゅうだん》されたという。その時は恐れ入ったが、同じようなことを叔母から指摘されたら「ハハハ、勝手じゃん。誰かに迷惑かけてる？」と開き直ってみせた。同様に戦時中、派手な格好や濃い化粧を集団で攻め上げ止めさせた国防婦人会を例に出し、「一般大衆が一番恐ろしい」というのだ。そんな「ぜいたくは敵だ」の時代に、淡谷のり子はどぎつく化粧をし、チャラチャラした派手な服を着て舞台に上がった。佐野は、この淡谷のり子の側にいたい、と言う。付和雷同する他人に容易に左右されず、死ぬまで変わらぬ「個」を持ちたいと言うのだ。

たしかに佐野洋子はそういう人だった。つまり**徹底して「個」の人**だった。横並びに考えが揃い、方向が決められ、有無を言わせないという空気には猛然と反発した。私は私、「ハハハ、勝手じゃん」と人生を押し切った。ときに放言について、「私は阿呆だから」と煙幕を張るが、阿呆ではできぬ、この国で勇気のいる行為であることは明らかだ。できれば自分もそんな風に強く生きたい。しかし、たいていは妥協し、強い力に曲げられなびいてしまうのだ。だからこそ、佐野洋子の言葉と姿勢が光る。

このシリーズは、随時書籍化されている（講談社／全五冊）。上村典子の生声はないが、使われた絵と、佐野の言葉はそのまま生かされた造りで、これはいい。もともと動画でもアニメでもなく、静止画だから、書籍化に向いた企画だ。本を人に贈るというのは難しいものだが、これなら入院中の友人などへのプレゼントにぴったりではないか。

人生の教科書

佐野洋子のエッセイは、人生の教科書である。

「金」「男と女」「死（病い）」「家族」「人づきあい」など、人生において重要なことは、ほとんどフォローして発語に迷いがない。どの言葉もドンピシャであり、抜き出して成立する名言が多い。読んでいてじつに爽快な気分になる。「ヨーコさんの〝言葉〟」を作ったスタッフも、そこに目をつけたのであろう。

彼女は二〇一〇年十一月五日に亡くなり、もうこの世にはいないのに、依然、強い存在感で新しい読者の心もつかむ。つかんで離さない。教祖になるような人ではなかったが、佐野教を立ち上げれば、信者はお言葉を聞くために日参したと思う。ほかの誰にも似ていない。そんな独自の「個」を持つ表現者として、絵本もエッセイも広範な読者の心をつかんだのである。

同時代のもの書き、編集者、友人にも信奉者は多い。男女両方に知り合いがいたが、彼、彼女たちの抱いた佐野洋子観はすこぶる良好である。

しかし、二度結婚し、どちらも失敗して離婚。母親との関係はこじれにこじれ、たった一人の息子の子育てにも苦しんだ。読者や友人の間はいいのである。どこかで関係が深く、愛情が濃くなると、メンドウなことになるのが佐野洋子の「関係性」であった。『文藝別冊　佐野洋子』に寄稿した中で、気になる文章がある。佐野と同い年で、美術学校受験の予備校時代、知り合った友人・川村康一の「佐野洋子さんの思い出」という一文である。「予備校でできた友人四人は現在まで続く最も古い友人」と書かれている。佐野と川村のつき合いは、互いに伴侶《はんりょ》を得てからも家族ぐるみで続いたようだ。佐野の若き日を伝える貴重な文章だが、「気になる」と言ったのはこんな個所。「洋子さんの一時の気持ちの乱れからだったと思うのですが、ボクの妻へのちょっとした意地悪もあり、離婚後は洋子さんから距離をとるようになってしまいました」というのだ。

川村は若き佐野に一時期プラトニックな恋情を覚えていたようで、佐野からもひんぱんに手紙が来た。その後二人の進路は別々になるが、佐野が結婚すると聞いた時「正直なところ、いささか寂しい気持ちはありました」というから、一線を越える手前の、若き男女の心の葛藤があったのだ。その佐野が離婚をし、川村には妻がいる。「一時の気持ちの乱れ」とは、そのアンバランスの末に生まれたものか。それにしても、友人の妻に「意地悪」をする、というのはいささか異常である。

しかし、私はそんな佐野にホッとするのである。佐野洋子は聖人などではない。完全無欠な人間などいない。いろいろな文章を読んでいると、気持ちが晴れ晴れとし、佐野がかなり上出来な人間であることは疑いないが、もちろん欠陥はあるのだ。その欠陥を含め、多くの人（とくに同性）に親しまれたのだ。

スコンスコンと目の前で死んだ

佐野洋子の総体をつかむのに便利なのが、先に触れた『文藝別冊』というムック本による人物シリーズの「佐野洋子」。これに全面的によりかかりながら話を進める。

もちろん、彼女の文章を随時参照しながらの、佐野洋子散歩だ。

まずは略歴。昭和十三（一九三八）年六月二十八日、中国・北京生まれ。佐野家の長女で、二つ上に兄・尚史がいた。父・利一は東京帝国大学を卒業し、満鉄に入社し、中国大陸へ渡り調査部に勤務した。

「うちの父さんはインテリでハンサムだったの。虚弱だったんだろうね。早く死んじやったから。カミソリのようにきれる人だったみたい。実は私もものすごいファザコンよ！（笑）」と西原理恵子との対談で語っている。

『文藝別冊』の巻頭アルバムに、一九四〇（昭和十五）年頃、北京自宅の庭にて、家族で撮った写真が掲載されている。まだ幼い洋子の側でしゃがみ、和服姿で微笑むのが父利一で、なるほど苦みばしったいい男。兄・尚史はハンドル付きの自動車の玩具に乗って笑い、もう少し年齢が下の頃撮った写真では、三輪車にま

たがる尚史の後ろに幼女の洋子がいる。東京帝大卒で満鉄勤務はエリートであり、裕福であったことが想像される写真だ。

昭和十六年に弟(次男)弘史が誕生。十七年に三男・正史、十八年に忠史と続けて男の子が生まれるが、長男の尚史を含め、このうち生き残ったのは次男の弘史のみで、あとはいずれも早世している。二十一年に次女・道子、二十四年に三女・正子が生まれ、女子はみな生き残った。三十三年には、父・利一までもが五十一という若さでこの世を去ることになるから、佐野家の女子は強し、男子は弱しと言わざるをえない(母・シズは九十三まで生きた)。

「私の家族は私の目の前で、スコンスコンと何人も死んだ。昔は皆、病人は家で死んだ」(『死ぬ気まんまん』)と書いている。「スコンスコン」という表現は、肉親の死に対して少し冷酷な気がするが、事実、そういう印象だったのだろう。言葉を飾っても始まらない。

戦中戦後は、出征した家族の戦死を始め、空襲による焼死圧死など死は蔓延し、家族のうち半分が若死にすることは珍しくなかった。ただ、珍しくないから平気、というのとは違う。肉親の幼い死は、生き残った者に贖罪《しょくざい》のように重くのしかかる。「私はあの世があるとは思っていない。/あの世はこの世の想像物だと思う」(『死ぬ気まんまん』）といったニヒリズム、醒めた死生観は、この時期に作られたと思っていいだろう。

幼き日に、もう一つ、佐野洋子の生涯を支配する出来事があった。

四歳のとき、なにげなく母親と手をつなごうとしたら、舌打ちされ、手を振り払われたというのだ。この時生まれた、母親との確執、埋めがたい溝は、母親が認知症になった後に書かれた『シズコさん』（新潮社）につながる。表現者である以上、当然のことだが、**いっけん豪快で、男っぽいとも思われる言動の裏に、微風でもそよぐ繊細な神経があった。**

『100万回生きたねこ』

東京藝大受験失敗後、武蔵野美術大学デザイン科に入学。苦学という言葉がまだ生きていた時代で、アルバイトを続けながら通学、授業料と生活費を稼いだ。一九六二（昭和三十七）年に卒業後、白木屋デパート宣伝部へ入社。「白木屋」とは、東京都日本橋にかつて存在したデパートで、前身は江戸時代に遡《さかのぼ》る日本の百貨店の老舗だった。一九六三年に「東急百貨店」に吸収され、この時、同宣伝部も解体。その東急百貨店日本橋店も九九年に閉店している。

ぎりぎりのタイミングで、佐野は「白木屋」に身を置き、ここで広瀬郁《かおる》と知り合い結婚した。時間が少しでもずれていたら、広瀬と知り合うこともなかっただろう。こういう時、人の運命は張り巡らされた蜘蛛の糸のように複雑で、どのコースを選ぶかは、神のみぞ知るという気持ちになってくる。

宣伝部の解散後、デザイン、イラストレーションの仕事を手がけながら、『やぎさんのひっこし』で絵本作家としてデビューする。一九七七（昭和五十二）年発表の『100万回生きたねこ』（講談社）が、一躍佐野の名を高め、代表作となった。同書はロングセラーであり、いまでも子ども、大人の区別なく読まれ続けている。

一九八〇年に広瀬郁と離婚。一粒種の広瀬弦《げん》を引き取り、一緒に住む。九〇年に、谷川俊太郎と再婚し、周囲をアッと驚かせた。二人の共作『はだか』（筑摩書房）、『女に』（マガジンハウス）と、詩画集の傑作を生むが、九六年に再び離婚。

二〇〇〇年頃から、つまり男との共同生活というくびきから離れた頃から、エッセイストとしても個性を存分に発揮し、絵本以外の読者も増やす。『神も仏もありませぬ』（筑摩書房）で二〇〇四年度の小林秀雄賞を受賞。〇八年には『役にたたない日々』（朝日新聞出版）の中で、がんで余命二年であることを告白、『シズコさん』で長年の母親との壮絶な確執をつづり、衝撃を与えた。大いに話題となり、私などもここから、「佐野洋子」という存在を大きく感じ始めたのである。しかし、二〇一〇年十一月五日、乳がんのため死去。七十二歳だった。

荒っぽい要約だが、波乱に満ちた佐野の人生の一端はこれでわかると思う。自身、「100万回」とは行かないまでも「100回」ぐらいは、生きたつもりでいたのではないか。

男と女どちらがどっち？

「私はもし生れ出ずる時、神様が『男か女か、どちらを選ぶのじゃ』とのたもうたら、迷わず間違わず、『女、女』と叫ぶつもりである」（『覚えていない』）

佐野洋子のエッセイを読んでいると、この「男」と「女」という性別についての意見が多い。**「男」とは？　「女」とは？　その埋めがたい性差について、くり返し言及し、まったく別個の生物として明確に区別していた。**男女について、これだけ継続的にその差や違いを書き続けた作家も珍しいのではないか。

男女に関する言説を『覚えていない』から、抜き出して並べてみようか。

「男と女を比べると男の方が何百倍もいい人達である。（中略）もう宿命的にいい人達である。／私は弱い女というのを知らない」

「〝女の一生は長い病気である〟と言った男がある」

「『着てはもらえぬセーターを寒さこらえて編んでます』。そんなもん編むな。気持悪い」

最後など、ハハハと思わず笑った。佐野の文章とつきあって来てわかるが、これはもう、いかにも言いそうな啖呵《たんか》だからだ。佐野の男女における定義や規定には、「だろうか」だの「かもしれない」、「とも考えられないか」といった、あいまいな、読者に判断を預けるような不明瞭な書き方はない。つねに断定、である。このことは、あとでもう一度触れる。

全体に、女性（同性）に対してきびしいのではないかと思える……なんて、今書いて気付いたが、私の書き方は「あいまい」である。佐野なら「女性に対してきびしいのだ」と書くはず。

女が男に対して抗弁、攻撃する時の最大の武器は、「そんなに男が偉いなら、あんた、子供を産みなさい」という一手だろう。これは、佐野の母が父と喧嘩しているときに吐いた言葉。「女だって、男がいなけりゃ、子供を産めないじゃないか」と反論することもできるだろうが、具体的に、新しい生命を我が体内に宿し、十カ月近くも父親より早く一緒に生きるのだから、これは勝ち目がないのである。男がもし、女からこう言われたら、さっさと謝ることだ。

結婚、あるいは離婚について

五十過ぎて仲良くなった夫婦は、けろうがたたこうが、びくともしなくなる。
愛という日本語にしてなじみにくいことばを超えるのである。
幾分かの憎しみを含んでも、その憎しみこそが、情を強くする。
そして情こそが実に言葉にすることが不可能である。
夜離婚話をし次の日の朝、定期預金の相談をするのも夫婦である。
実にわけがわからん。
夫婦はわけがわからんのがいいのである。
夫婦に科学は不必要である。
世の中に科学が入り込む隙のないものがまだある事は実に頼もしい。

「わけがわからん」『問題があります』所収

切るタイミングを失って、長々と引用してしまった。なんともすごいことを言うものだ。まあ、佐野の文章はその連続なのだが。私は三十六の時、という遅い結婚をして、今年（二〇二三年）、夫婦歴三十年目を迎える。今調べてみると、二十五周年は「銀婚式」だそうだ。へえ、気づかなかったなあ。しかし三十年なんて大したことはない。いまだに「夫婦」のことなんかわからないし、お互い胸のうちでは、離婚の危機がまったくないわけではなかったかも知れないが、おおむね平穏に、ごまかしながら暮らしてきた。「なれ合い」とは、悪い意味にも使われるが、それでうまく行くケースもあるのだ、と思う（あ、またやってしまった）。

くり返しになるが、佐野は二度結婚して、二度離婚している。最初に結婚したのは一九六二（昭和三十七）年、二十四歳のとき。相手の広瀬郁とは十八年暮らし、八〇年に別れている。これが四十二歳。

二度目は十年後、相手は谷川俊太郎。結婚生活は六年続き、離婚は九六年。佐野は五十八歳になっていた。以後、七十二歳の死まで、再び男と暮らすことはなかった（はずである）。結婚も離婚もエネルギーが要る。谷川はたしか、三回離婚しているはずだ。『佐野洋子対談集　人生のきほん』（講談社）の、西原理恵子との対談で、結婚と離婚の核心に触れている。広瀬郁との若い結婚についてこう言う。

「一回目は普通の人だったの。普通のバカだったのよ。普通のバカには、いろんなことを私は学べたわね」

あるいは『ふつうがえらい』の中で、「恋愛などかっこをつけても、しょせん、男と女の発情である。私は初めてキスをした男と結婚をした」と書いている。こういう抒情やロマンを排した、身もフタもない言い方も、佐野の文章の特徴である。佐野の著書のタイトルを借りれば、この世は『神も仏もありませぬ』だ。広瀬との離婚については、こういう書き方もしている。

「私と夫は、テーブルをはさんでにらみ合い、家を崩壊させた」(『ふつうがえらい』)

「発情」が消えた時、お互い、にっちもさっちもいかなくなったらしい。

谷川俊太郎とは、長くいわゆる不倫関係にあり、谷川は辛抱強く妻との正式な離婚を待って、佐野と暮らしていた。事実婚というやつである。ようやく離婚することに相手が納得して、谷川は「離婚届にはんこをついてもらったその足で市役所に行って、離婚届を出して、それで結婚届出してきたの」と佐野は言う。それだけの苦労と時間を重ねながら、結局は谷川ともうまくはいかなかった。理由は一つや二つではないだろうと思う。

しかし、どちらが主、どちらが従というわけではなく、互いが比類なき、個性的な独立した才能を持つ表現者であったことは、仕事上のパートナーとしては申し分ないが、同じ屋根の下で、気を遣いながら暮らすのにはどうしても無理が出て来る。我々が平凡であることのありがたさを、こういう時知るのだ。

谷川俊太郎の痕跡を消す

始まりは一冊の絵本とぼやけた写真
やがてある日ふたつの大きな目と
そっけないこんにちは
それからのびのびしたペン書きの文字
私は少しずつあなたに会っていった
あなたの手に触れる前に
魂に触れた

「会う」『女に』所収

これは谷川が詩を書き、佐野がエッチングによる絵をつけた協同作業による詩画集『女に』に収められた詩。二人はこの詩に書かれたように出会い、接近して行った。『女に』の「女」が佐野を指すことは疑いない。一九九一年三月一日に初版が刊行され、ちょうど二人の結婚が「老いらくの恋」として騒がれたこともあり、十万部に迫る売れ行きを見せた。しかし、九六年の離婚後、佐野は『女に』の増刷を許さなかったという（佐野の死後に復刊）。

私はそのことを尾崎真理子「情熱か受難か　谷川俊太郎」（「新潮」二〇一七年一月号）という評論で知った。谷川についての評論でありながら、当然ながら佐野との結婚生活と離婚についても、字数を割いて言及している。そこで多くのことを教えられた。

たとえば、谷川と佐野の関係は「一九八〇年初頭にはかなり深くなっていた。児童書の仕事を通じて知り合い、偶然が重なって谷川が興味を持ち、佐野のユニークな手紙を受け取るうちに心を動かされ、佐野の元へ通うようになった」という件は、先に挙げた「会う」という詩になぞられている。二人は「交際中からその関係は隠されることはなく、八六年には一緒にギリシャ旅行へ出かけている」。二人は理想的なカップルのように私には見えた。

しかし、『女に』に書かれた詩（毎日新聞の連載）は、「佐野の注文に応じて初出作品をあちこち変更した」という。尾崎もそう書いているが、あの谷川が、他人の指摘で自作に手を入れるなど、まず考えられないことである。あきらかに、この結婚生活において、谷川は佐野から大きな影響を受けていた。

これは、尾崎の指摘で初めて知ったが、「離婚後、佐野洋子が谷川とみられる登場人物に関する記述をかなり変更、消去した」という。もし若い読者が、佐野の死後に「ヨーコさんの〝言葉〟」などからその存在を知り、後追いで著作を読み始めたら、あるいは、佐野と谷川の関係に気づかない可能性もあるのだ。たとえばエッセイ「孤立無援の昼寝」にあるこんな個所。

「〝女の一生は長い病気である〟と言った男がある。誰か偉い人が言った事なのかどうか知らないが、私に言った男は、嫁と姑との闘いに疲れ果てた奴だった。何だか変に実感があったので、私はゲラゲラ笑いながら、看病疲れの男にしみじみと同情した」

どう読んでも、この「男」とは谷川俊太郎だと私などの世代ならわかるが、若い読者ならどうだろう。結婚というものに向き合って書いた「カン違いと成り行き」では、二回目の結婚相手について、「妻とは別居中であったが、やたらこみ入って、私の外にも二、三人の女が居るらしいのである」と、辛辣な突き放した目で叙述している。これもまた固有名詞を出すまでもなく、谷川の話。佐野に追憶が作る霧のような、現実を美化する薄いヴェールはなく、何もかもが見通せる真実しかない。その谷川と「又離婚したのである。これは疲れた。もう本当に疲れた」と書くとき、谷川と佐野というカップルの、調整しにくい温度差を感じるのだ。

なんで別れたのか未だにわからない

谷川との結婚については、谷川自身が、佐野の息子である広瀬弦と対談（『文藝別冊　佐野洋子』所収）で語っている。母とは別れた義父とその息子の対談というのは、常識的にはちょっと変だが、二人でないと語れない内容になっていて興味深い。佐野が亡くなって二カ月後、二〇一一年一月に収録された。

谷川は「僕もなんで別れちゃったのか、未だによくわからないところがあって」というのだ。佐野が離婚するにあたって、どこがポイントであったか、不明である。何か劇的なこと（たとえば谷川には他に恋人がいた、とか）があったわけではないようだ。

このあとに続く谷川の発言を拾ってみる。

谷川が思うに、どうも佐野は「ちょっと深入りした人に寛大じゃない」。「愛情を注ぐ人にはすごく濃いの。どうでもいい人にはすごく寛大なんですよ。そんな細かいこと気にしないんだけど、ちょっと好きになると、自分の思い通りにしたいのね」。だから「だいたい主導権は佐野さんにあるんだよね」(二人は互いを「佐野さん」「谷川さん」と呼んでいた)。

広瀬弦によれば、二人は「結婚する前も後もけっこういちゃいちゃして」いた。谷川から見ると「佐野さんが結婚したがっているように思ったんだぜ」という状況だった。しかし、広瀬はある意味、母親（佐野洋子）のことが、谷川よりよくわかっていて、谷川には「やめたほうがいいですよ」と何度も言ったという。「オフクロと一緒になってかわいそうっていうか、なんだろうな。大丈夫かなとか。あんな女相手にしなきゃいいのにって感じかな（笑）」。これは、その通りになった。

友達や編集者など、「どうでもいい人」の関係性にある時、佐野とは良好なつき合いが保てる。谷川も「友達としてあんなに面白い人、いないんだから」と言う。すると息子の弦までが「そうなんですよね、僕も肉親じゃなきゃ面白いなと思いますもん」とつけ加える。傑作な息子である。

谷川は一九九一年四月に、絵本の専門書店「メリーゴーランド」で、佐野と二人でトークショーをしている。そこで佐野は、谷川のことを最初は「有名な人」ということで敬遠し、のち「見えてる通り」ではない「実に変な人」であることに気づいたという。佐野は「変な人」が好きで、普通の人でも「変な人」に見える感性の持ち主である。このあたりが引っかかりであろう。谷川の方は「すごく俺に関心持ってくれて、ああでもないこうでもないって毎日言ってくれるすごいいい人」と佐野観を語る。この「毎日言ってくれるすごいいい人」が、いつか負担に、重荷になっていったのであろうか。

佐野自身は、谷川との結婚生活について、西原理恵子との対談で、こう語っている。「私はねー、二度目の結婚相手から、『あなたには、人から影響を受ける能力がない』と言われた。その人は、私に影響されるということが目的で、私といっしょになったような人なのよ。それは、浅はかな知恵よ」。ただ一つ、谷川俊太郎から影響を受けたのは「あんたといっしょになって、ガスの元栓、閉めるようになった」ことだけ。いくら何でもそれはないだろう、と谷川に少し同情したくなる。

愛情を注ぐともつれてくる

これはどういうことだろうか。佐野は複雑なのか、それとも単純なのか。しかし、こうして読んでいくと、誰しもそういうところはある、という気がしてきた。家族（とくに配偶者）に見せる顔と、友人知人に見せる顔が違うケースは、よくあることだ。ときに「外面がいい」と配偶者から批判されることはあっても、それは当然なのだ。「外面」をよく見せておけば、難なく、世間は渡れるのである。それは難しいことでもない。人の言うことをよく見聞きし、にこやかに応対し、さりげなく応援しているサインを送る。その場だけの「悪い気はしない」空気を保つことを、みんな、自然にしているはずだ。それが広い意味での「社交」というものだ。

佐野の場合は、同じ屋根の下で暮らし続けるパートナー（夫や子ども）と、うまくつき合えなかった。あんなに、いろいろなことがよくわかり、よく見えていた人なのに、「愛情を注ぐ人」には手も足も出なくなる。佐野洋子の強さという効力を失ってしまうようだ。どこか、やっていることがちぐはぐで、態度も矛盾している。それでこそ、全部ひっくるめての、その人の魅力というものではないか。そう気づいたのは、佐野洋子のエッセイを読んだからだ。何もかもがうまく行くわけではなく、何もかもがすっぱりと割り切れてしまうわけでもない。その揺れる小舟で、流れに逆らって漕ぎ続ける「個」の佐野洋子がいる。

「私は何のために生きてるのかというと、日常生活をするために生きてるの。その日常生活をするのに仕事とお金が必要で、仕事のために生きてるというふうに感じたことは一度もない。仕事は好きじゃないの（中略）今のは冗談よ」と西原理恵子にもらしている（前出『人生のきほん』）。会話の中で「冗談よ」と断る場合、えてしてその人の本音が含まれている。日常生活をまっとうするために、それを邪魔するものを排除し、「個」としての自分を守る必要があった。その方針を破るのが身近にいる者への過多な「愛情」で、これは理性で押さえられるものではないから、佐野洋子を困らせることになった。

「人は人一人しか引き受けることは出来ない、人一人以上引き受けられると思うのは傲慢というものだ」とも書いている（『ふつうがえらい』）。

年を経た仲のいい夫婦は、それまでの育ちや経験が違っても、互いに影響し合うことで、どこか似てくるものだ。それも若いうちに結ばれることが条件で、つきたての餅なら触りようでまだ変化する。佐野と谷川は年の功を経た硬い餅だった。似る前に、違和感が増幅してしまったのかも知れない。これもあくまで想像で、夫婦のことは他人にも自分たちにもわからないのである。

破格の文章表現

「これは、難しい様で、本当に実に難しい」

佐野のエッセイから、任意で抜き出した一文である。これなど、厳格な校閲者なら「普通は、『簡単な様で、本当は実に難しい』ですが？」と疑問出しをするところ。文章作法を無視した破格の文章であることは、誰にでもわかるだろう。いや、これこそ佐野の文章なのだ。

「文体こそ全てであると信じる者なんで、独自の文体というものをきわ立って持った奴の勝ちなのである」

これは椎名誠について言った佐野の文章だが、彼女もまさしく「文体」の人である。その人の生きかたそのもの、息づかい、生活、趣味嗜好など、全てが「文体」に表れる。「文体」のように生きた人だった。

「日本語はもっと、体と一体になった温度とか匂いとか、生活とかに結びついているべきである」

難解で独りよがりの「現代詩」に対する嫌悪を述べた文章であるが、この「日本語」を「文章」「文体」と言い換えてもいいだろう。

文章修業などしてしまうと（ひと昔、いや三つ昔前の同人誌全盛時代の作家志望者は、みなやった）、あるいはカルチャーセンターなどの「文章教室」へ通う際、よほどいい教師が付かないとこの自由な「文体」が消える。

佐野のエッセイの特徴は、いろいろ挙げられるだろうが、第一は、最初の一行からズバリ本質に斬り込むこと。

「今着物着ている小母さんははっきり言って変である」（「着物地獄の一里塚」）

「私は五十歳を越えた。いくつ？　いいの、とにかく越えたのよ」（「こわーい」）

「私は別に乗り物好きでも旅好きでもない。許されるなら一日中ふとんにもぐっていたい。そして、可能なかぎりそうして来た」（「ただ、何となく」）

これは、いま手元にあったエッセイ集『覚えていない』から、適当に半ばあたりのページを開き、前後する文章の冒頭を拾っただけだが、それでも前置きなしの簡要《かんよう》、直裁《ちょくさい》ぶりは顕著だ。

言いたいことを、最初にきちんと、きっぱりと言う。その打ち込んだ杭をもとに、おそらく佐野は、杭に結び付けた縄を手放さず、手繰り寄せるように自説を展開する書き方を採用している。起承転結を守り、まず時節の挨拶や枕を振り、「そういえば先日……」と話をすすめる、古来のオーソドックスな随筆作法を、佐野は最初っから無視している。これがじつに小気味よい。

男の物書きは多く、古今東西の著作物から引用し、理論武装を図る。この門より入れと、限定したルートを作り読者を導くのだ。佐野にはそれがない。**すべて体験から生まれた手持ちの感想を、丸裸でぶつけてくる**。門など作らない。どこからでも入れるようにして、入った者をいきなり抱きしめるのである。そして耳元に「ねえねえ、あんたさあ、本当はこう思ってるんじゃない」と本音をぶつけてくる。すねに傷を持つ読者はイチコロだ。

時制に生きない

佐野のエッセイ集を読んでいて、ときとして困るのが、それがいったい、いつ、何年のできごとかが明記されていない場合が多いこと。単発のエッセイなどは、それがいつのことかが、重要視されない場合がある。それにしても、と思うのである。

たとえば「もの言わぬから」(『ふつうがえらい』)という一文。「私は小さな家に息子と二人で住んでいた。それから猫が一匹いた」と書き出される。これがいつ、どの家のことかがわからない。私が頼りにしている『文藝別冊　佐野洋子』の年譜にも、移転や地名の記載の情報が少ない。「悪さの盛りの息子は」とあるから、「息子」とは、広瀬郁との間に一九六八（昭和四十三）年に誕生した長男・弦のことであり、「二人で住んでいた」とあるから、一九八〇年に離婚した以降のことだとわかる。掲載紙誌や初出がないから、余計にそうである。佐野のことを書こうとする立場の者は、ときとして困るのだ。

「二十年前、短い期間であったけど、全然日本語が通じないところに住んだことがあった」（「ぜいたくは言わない」『ふつうがえらい』所収）なんてのもそうで、私には年譜があるから、これは一九六七年から約一年、リトグラフを学ぶためにベルリン造形大学へ留学した体験を指すのだと知れる。しかし、初めて、いきなりこの文章を読んだ人は面喰らうだろうと思うのだ。「短い期間」ってどれくらい？「全然日本語が通じないところ」って、いったいどこだ？

ことほどさように、佐野洋子は、書かれた文章の中で、時制をあまり明らかにしない。例外は少女時代を過ごした中国在住時代で、これははっきりと時制が示される場合が多い。

「昭和十九年に北京から大連に移った。父の転勤だった」「五歳だった。幼稚園に行ったが、三日程でやめてしまった」「昭和二十年四月に小学校に入った」「八月十五日、大人たちはひそひそしていた」と、これらは「青い空、白い歯」(『問題があります』)という文章から。もちろん敗戦の体験を書くのだから、時制が重要なのだとわかる。しかし、ここ以外にも、中国時代のことを書く場合には、わりあいはっきり、いつのことだったか、何歳だったかを書いている。

敗戦で一家して日本へ戻ってきて、大学を卒業したあたりから、徐々に、時制に対する佐野の関心が薄れていくようだ。こんなことを書くと、「そんなこと、いつだって、かまわないじゃないの」と、ページの向こうで、笑う姿が見えるようだが、ここに佐野のエッセイに見える自由無碍《むげ》な心境の秘密がうかがえる気がする。

男性は時制に縛られている。会社に入ったのが何歳で、その時、首相は誰それで、世界経済はどんな状況にあったか、あるいは大きな事件や自然災害があれば、それを胸に刻み、過去を振り返るとき、時制とともに、自分がそこにいた背景として引っ張り出してくる。社会の中での自分の役割や地位が明確であるからかもしれない。自己紹介する時は、「○○商事の××課課長補佐をしております□□です」と名乗るだろう。

淋しいがそれは仕方のないことなのである。男性は年譜を書いて、過去あるいは現在という時制にすがって生きて行く。ほかに寄る辺《よべ》はないのである。そんなこと、考えてもみなかったが、佐野のあまりにも自由で奔放な文章世界に浸っていると、そんな気になってきた。

亡くなった七十二という年齢は、そんなに長くはないが、それでも佐野の文章には、彼女が一日一日を大切にして生きた跡が見える。母・シズが生きた九十三年に比べたら、それは短いものだった。しかし、佐野洋子の濃密な時間は「100万回生きた」分ぐらいはあったと思う。

一生を一回しか生きられなかった人が、世の中ほとんどである。あっぱれ、本望な人生ではなかったか。

あとがき

本書のもとは、芸術新聞社のウェブ上で「人生散歩術　こんなガンバラナイ生き方もある」として連載された。タイトルと挿絵も私が描き、本書にも一部生かされている。芸術新聞社から『「絵のある」岩波文庫への招待』などを上梓されている先輩ライター・編集者の坂崎重盛さんから、「こんな連載が、おかざきさんにいいんじゃないの」と進言され始まった。「脱力文人の系譜」というテーマだったと思う。かねて、私が懐に温めていたテーマだったから、喜び勇んで執筆に取り組んだ。好きな人物について、あれこれ寄り道しながら調べ、書くのは楽しかった。最初から結論が出ていたわけではなく、書きながらゴール地点を見出して行ったのである。その書き方も「散歩」に似ている。

世の中には二種類の人間がいて、一つは政治家、企業人など多くの人を従え、叱咤し、ときに恫喝《どうかつ》しながら上へ上へ昇り詰めて行くことに生きがいを感じる権力者タイプ。もう一つが、ハナから上昇志向がなく、好きなことだけして生きて、それで食べて行けなきゃ、のたれ死んでも仕方ないというタイプの人だ。

私はもちろん、後者に属していたいし、そんな人たちに昔から憧れていた。本書で扱ったのは、いずれも、なるべく肩の力を抜いて、風にそよぐままに生きた人たちのように思う。私は、彼らの著作や仕事から多くのことを学んだ。その意味で、井伏鱒二の小説も、高田渡の歌も、田村隆一の詩集も、私にとっては、人生の「実用書」なのである（文学は「実用」とは、荒川洋治さんの説）。私は文芸評論家でもなく、文学研究者でもないので、専門家から見れば遺漏や誤解もあるかも知れない。あくまで人生の「実用書」として、彼らを紹介したのだという理解で、ご寛容願いたい。

単行本化にあたり、女性が一人もいないことに気づき、急きょ佐野洋子を書き下ろしで加えた。佐野洋子のエッセイをこれだけまとめて読むのは初めてで、大いに感心した。「すごいなあ」「大したものだなあ」と呟きながら、この稀代の女傑の文章を読んだのだ。

ウェブ連載時には古川史郎さん、単行本化の作業の途中で、編集が山田竜也さんにバトンタッチされ、どうにかかたちになった。代表取締役社長の相澤正夫さんには、私の各種イベントに参加下さったり、夜の巷《ちまた》で一献傾けたり、さまざまな場面でサポートしていただいた。ともに感謝申し上げる。

『人生の腕前』あとがき

本書の成り立ちについては「序文」と単行本「あとがき」に尽きています。タイトルが変わったことが本文庫の特徴でしょう。本書を担当してくださった編集者・森岡純一さんと初めてお仕事をさせてもらったのが『読書の腕前』。二〇〇七年に光文社新書から書き下ろしで刊行され、加筆したうえで二〇一四年に知恵の森文庫に収録されました。この文庫版『読書の腕前』は、私の出版物としては異例の売れ行きを見せ、代表作となりました。

知人や知り合いの編集者からよく言われたのはタイトルのよさでした。普通なら『読書の方法』とか『読書のすすめ』などとつけるところを『腕前』と意表をついた。この『腕前』がいい、とみんなおっしゃるのです。たしかに本のタイトルとして、ほかにあまり見かけない。森岡純一さんの発案でした。あんまりほめられるので、機会があったらどこかでもう一度使いたいと思っていました。

今回『人生散歩術』を文庫化するにあたり、『腕前』を使いたいと、これは私から森岡さんに申しました。非常にうまく移植できたのではないかと自画自賛しております。『腕前』シリーズとして、もう一冊作れないかと、じつは秘かに画策中です。

文庫化にあたり、データや時制を現在に合わせるよう、なるべく手を加えました。この間に物故した方も多く、東京都の銭湯の料金も上がりました。そのほか『人生の腕前』というタイトルに近づけるための加筆を随所でしました。単行本で使われたイラストは、現在の目から気に入らぬものははずし、何点か描き下ろしました。

解説を歌手・芸人のタブレット純さんにお願いするのも森岡さんのアイデアで、大ファンだった私はその組み合わせに感激しました。感謝、感激こそ「人生の腕前」を上げる要素ではないでしょうか。

岡崎武志

二〇二三年夏

「人生の腕前」を上げるブックガイド

※二〇二三年九月現在で購入可能な本（電子書籍を除く）

井伏鱒二

『山椒魚・遙拝隊長 他七篇』岩波文庫　一九六九年
『黒い雨』新潮文庫　一九七〇年
『さざなみ軍記 ジョン万次郎漂流記』新潮文庫　一九八六年
『荻窪風土記』新潮文庫　一九八七年
『新潮日本文学アルバム　井伏鱒二』新潮社　一九九四年
『厄除け詩集』講談社文芸文庫　一九九四年
『釣師・釣場』講談社文芸文庫　二〇一三年
『七つの街道』中公文庫　二〇一八年
『広島風土記』中公文庫　二〇二三年

高田渡

『バーボン・ストリート・ブルース』ちくま文庫　二〇〇八年
『個人的理由』文遊社　二〇一二年
『マイ・フレンド 高田渡青春日記 1966―1969』高田漣・編　河出書房新社　二〇一五年
『高田渡に会いに行く』なぎら健壱・著　駒草出版　二〇二一年

吉田健一

『金沢　酒宴』講談社文芸文庫　一九九〇年
『新潮日本文学アルバム　吉田健一』新潮社　一九九五年
『時間』講談社文芸文庫　一九九八年
『酒肴酒』光文社文庫　二〇〇六年
『文学の楽しみ』講談社文芸文庫　二〇一〇年
『交遊録』講談社文芸文庫　二〇一一年
『汽車旅の酒』中公文庫　二〇一五年

『舌鼓ところどころ　私の食物誌』中公文庫　二〇一七年
『わが人生処方』中公文庫　二〇一七年
『父のこと』中公文庫　二〇一七年
『酒談義』中公文庫　二〇一七年

木山捷平

『氏神さま　春雨　耳学問』講談社文芸文庫　一九九四年
『酔いざめ日記』講談社文芸文庫　二〇一六年
『大陸の細道』小学館　P＋D BOOKS　二〇二一年
『耳学問・尋三の春』小学館　P＋D BOOKS　二〇二二年

田村隆一

『腐敗性物質』講談社文芸文庫　一九九七年
『自伝からはじまる70章　大切なことはすべて酒場から学んだ』思潮社　詩の森文庫　二〇〇五年
『言葉なんかおぼえるんじゃなかった　詩人からの伝言』

田村隆一・語り、長薗安浩・文　ちくま文庫　二〇一四年
『詩人の旅 増補新版』中公文庫　二〇一九年
『ぼくの鎌倉散歩』港の人　二〇二〇年
『ぼくのミステリ・マップ　推理評論・エッセイ集成』中公文庫　二〇二三年

古今亭志ん生

『古典落語　志ん生集』飯島友治・編　ちくま文庫　一九八九年
『なめくじ艦隊　志ん生半生記』ちくま文庫　一九九一年
『びんぼう自慢』ちくま文庫　二〇〇五年
『志ん生の食卓』美濃部美津子・著　新潮文庫　二〇一八年
『志ん生一家、おしまいの噺』美濃部美津子・著　河出文庫　二〇一八年

佐野洋子

『100万回生きたねこ』講談社　一九七七年
『私の猫たち許してほしい』ちくま文庫　一九九〇年
『ふつうがえらい』新潮文庫　一九九五年

『がんばりません』新潮文庫　一九九五年
『私はそうは思わない』ちくま文庫　一九九六年
『神も仏もありませぬ』ちくま文庫　二〇〇八年
『役にたたない日々』朝日文庫　二〇一〇年
『シズコさん』新潮文庫　二〇一〇年
『問題があります』ちくま文庫　二〇一二年
『死ぬ気まんまん』光文社文庫　二〇一三年
『ヨーコさんの〝言葉〟』（全五巻）佐野洋子・文、北村裕花・絵　講談社
　二〇一五〜一八年
『あれも嫌い　これも好き　新装版』朝日文庫　二〇二三年

解説

タブレット純《じゅん》
（歌手・芸人）

いま水上《みなかみ》温泉におります。

古めかしいお宿の日帰り湯に浸《つ》かったあと、休憩室の畳の匂いに包まれながら、館内には天然の川のせせらぎとともにレトロなハワイアンが静かに流れています。ぼくの斜め前には、やはりタオルで髪を拭いているおばさまが一人。

と、そこへ店主らしき男性が現れ、いきなり「お嬢さん、一曲やってもよろしいでしょうか？」と、ぼくに語りかけてきました。

おばさまもまた「あら、いいわねぇ。お嬢ちゃん、このマスターね、ピアノ弾くの。聴いてやってちょうだい」「は、はい。どうぞ」。

よく見たら部屋の隅っこに存在していたヤマハのアップライトピアノ、その鍵盤蓋《けんばんふた》を開けるや、流れてきたのは「愛の讃歌」。

……パチパチパチ。しかし、えっと、和室にハワイアンにシャンソン、この渋滞感。

さらにぼくは、来週の誕生日で50リーチになろうとしている「オジサン」です。〝ニセアルフィー〟ともアダ名される長髪男。そして49なのに「青春18きっぷ」でここまで来ました。目的地は新潟なのですが、鈍行しか使えないその定めにつき、乗り継ぎ駅から次の列車までの三時間弱、とりあえず下車して八月の酷暑の中ふらふら辿《たど》り着いたのが、「すみませんがしばらくここに居させていただけないでしょうか？」との申し出に快諾いただいたこちらでした。

そうしてこの卓袱台《ちゃぶだい》の上で『人生の腕前』のプリント稿を読了した、まさに直後の「愛の讃歌」だったのです。

で、あんた誰？

すみません、今さらなのですが、ぼくは「お笑い芸人」です。となるとますます読者さまを混乱に陥《おとしい》れてしまいそうなので、ここはひとつ、本文中のっけから勇気をいただいた井伏鱒二さんの金言「書くには野蛮な図々しさが必要」を免罪符のように掲《かか》げつつ……。そう、この宝の山を掘り当てたような読後の余韻と、いまぼくが状況下にあるこの美しく呑気なカオスがとても調和しているように思え、いつしかガラパゴス携帯で文字をザクザク突き進めてしまっていたのでした（ガラケーで書いてんのかいっ。スミマセン）。

ふと見ると、おばさまは消えていて、そこにビールの小瓶とコップだけが残されています。

この本は、著者の言葉を借りれば「人生を力まずに、川面《かわも》に浮かぶあぶくのごとく、ふらふらと散歩するように歩む人」が素晴らしく選《え》りすぐられていますが、ぼくのこの駄文は、なんとビールのあぶくのごとく、自分でもどこへ行くかわからない方向へほろ酔いしつつ、いま歩き出しました。なぜならいまぼくもつるっとアサヒの中瓶を注文してしまったからです。わ〜やってしまった。

まず一言感想。こんなに飲みたくなる本はありません。

ふと現実に戻ると、窓の外には、ゲリラ豪雨。あぁ、人生ってどうなるかワカラナイ……。わからないといえば正直、なぜぼくに？　といただいたこの「解説」という大事な数ページ。しかし本文を読み進めていくうちに、ヤマザキのスペシャルサンドのクリームの真ん中に形崩れした赤いゼラチン玉のように、頬張ったら床に落としかねない大事なポイントの一つだけれども、いや、だからこそ「まぁゆっくり気を抜いて召し上がれ」といった優しい装飾音に導かれました。それはこの本に、著者が愛して止まない〝チープで不器用な生きざま〟、その逸話が全編にとろけるように包み込まれているからに違いありません。え？　喩《たと》えがよくわからない？

おっと、お宿を後にし、電車に乗る前に買い込んだ缶チューハイがペコンと空になるにつれ、懐かしいような夕暮れの車窓もゆらゆらとにじんできました。ここはツマミの「お好みミックス豆」よろしく、ぼくの心に響いた、各章のお気に入りの言《こと》の葉《は》たちをぽりぽりとつまんでみたいとおもいます。

井伏鱒二さんが人として奏でる〝なだらかな嶺《みね》〟について著者が評した「低く見せることは、高く見せることより難しいはずなのである」。

高田渡さんの住む部屋に居着いたノラ猫、そのさまを見て渡さんが呟《つぶや》いた「あの子たちのことを考えると、引っ越せない」。

吉田健一さんの「犬が寒風を除けて日向ぼっこをしているのを見ると、酒を飲んでいるときの境地というものについて考えさせられる」という悲しみに裏打ちされた〝美点〟へのまなざし。

なぜ臆病で、しかも病弱であった木山捷平さんが無事厳しい戦地から復員できたのか？　という問いに対して、木山さんのご子息いわく「なにもしなかったのがよかったんじゃないでしょうか」。

田村隆一さんが詩に込めた「針一本／床に落ちてもひびくような／夕暮れがある」、そんな「詩人が生活するに足る文明が備わってこそ、都市は成立する」と現代の利便性ばかりに偏る街を断ずる著者。

戦火の迫る満州の修羅場での落語会、そこで古今亭志ん生さんが客の一人から聞いた「イヤ、どうせ死んじまうんですから、笑って死にたいと思いましてね」。

佐野洋子さんが椎名誠さんに向けて評した「文体こそ全てであると信じる者なんで、独自の文体というものをきわ立って持った奴の勝ちなのである」ゆえに「日本語はもっと、体と一体になった温度とか匂いとか、生活とかに結びついているべきである」。

……珠玉の山の中から、こうして手のひらに拾っているだけでも、お酒の酔いとともにむくむくと生きることへの頼もしさがふくらみます。

車窓の向こうはすっかり夜になり、ローカル線ゆえに乗客もまばら、街の灯りも息たえだえで淋しいかぎり。そんな中で、真に有難い文学とは、深夜の金魚鉢にそっと透明な一粒のカルキ抜きを水底に落とすように、人生を優雅に泳げるよう諭《さと》してくれます。

実は、著者である岡崎武志さんとは一面識もないのですが、あとがきにも書かれているように、書きながらゴール地点を見出して行くというこの本での作風もおしなべて、心からこよなく「散歩」を愛している方と見え、ぼくも読み始めた地点から、ずっと同じ速度で一緒に歩を進めているような気分になっています。

そしてお互いの片手には、やはり最も大きな裏テーマである「お酒」が握られているのです。それも、志ん生さんの「不器用が持つ気高さ」を備え、佐野洋子さんの「死ぬまで変わらぬ『個』を持ちたい」と願う、自分だけのワンカップ酒。あぁ、夜の公園で、一見健康のために歩いているかと思いきや、プシュリとプルトップを開ける黄桜《きざくら》のうまいこと。そうですよね、岡崎さん……って勝手に仲間にしてスミマセン。

それにしても。最近ぼくの周りで「酒をやめた」という芸人さんがちらほら。お酒によって沢山のものをなくし、時には大事なご縁、信用までなくしてしまったぼくからして、それはご立派なことには違いないのですが、ポンコツであれヘタクソであれ、愛着のあるギターはずっと抱いて眠りつづけたい。芸人って、そういうものではないでしょうか？　そんな簡単に〝お世話になったもの〟を捨てられるだなんて、それは「笑い」の根底にある、どうしようもない悲しさ、そこから湧き出る可笑《おか》しみを否定して生きるのと一緒な気がするのです。

圓生さんが志ん生さんを評して捧げた言葉が、いま列車の揺れと酔いのブランコの上で聞こえます。「人間はズボラだったが、芸にウソはなかった」「常識を欠いたことをしても、悪いとこ全部さらけ出してるから、心底にくめないんですな」……あぁ、そんな芸人、すなわちそんな人間になりたい。

……と、列車は新潟駅に到着しました。何しに来たのか？　大好きな昭和の歌謡曲、その聖地を練り歩くライフワーク。今回は「青春歌謡」の聖地巡礼です。ゆえに、貧乏を飼い慣らしながら「青春18きっぷ」で来ました。これから、「素敵なやつ」を唄った青春歌手・叶《かのう》修二《しゅうじ》さんが晩年経営していたバーの跡地、廃墟を巡礼して、今日は終わりです。

なんのこっちゃ。

それって仕事？　いや、ほとんど目的が今のところ見えていない、これぞすなわち、究極の「純情散歩」です！　他にやらなきゃならないこともこまごまたまっているのですが……。

しかし散歩とは、我ながら解読不能な、果てしなき回り道なのです。桃源郷という「見えない地平線」を心に抱きつつ。ハラホロヒレハレ。ね、岡崎さんは「素敵なやつ」だから、きっとわかってくれるにちがいない！（やばい、ホントにだいぶ酔ってきました～）

光文社文庫

人《じん》生《せい》の腕《うで》前《まえ》
著　者　岡《おか》崎《ざき》武《たけ》志《し》

2023年10月20日　初版1刷発行

発行者　三　宅　貴　久
印　刷　堀　内　印　刷
製　本　ナショナル製本

発行所　株式会社　光　文　社
〒112-8011　東京都文京区音羽1-16-6
電話　(03)5395-8147　編　集　部
8116　書籍販売部
8125　業　務　部

ISBN978-4-334-10079-7　Printed in Japan

JASRAC　出 2306540-301　組版　萩原印刷